志望校は絶対に下げない！

受験で合格する方法100

The 100 tips to pass the exam

佐藤亮子

ポプラ社

はじめに

２００２年、東京大学の小柴昌俊先生が、ノーベル物理学賞を受賞されました。カミオカンデという観測装置を使って、宇宙からやってくる小さな粒子「ニュートリノ」を初めて観測されたのです。

ニュースで流れた写真には、小柴先生だけではなく、多くの「協力者」が写っていました。学生や地元の人、職人さんなど、何十人、何百人もの協力者が先生を囲んで写っているのです。しかし、賞をいただけて、名前が残るのは小柴先生一人だけ。でも実際は、このような「縁の下の力持ち」の方々が数え切れないほどいるのだなあ……と感慨深かったことを覚えています。

子育てというのは、「縁の下の力持ち」の側面が強い仕事です。自分自身は黒子に徹し、表舞台に出ることはない。寝不足にもなりますし、自分のことも後回しになります。同級生たちの中には、仕事で出世をするなどして、充実した毎日を送っている人もいます。

一方で私は、4人の子どもたちを相手に寝不足で「あいうえお」を教え続けるような日々です。自分のした選択に、後悔の念を抱く時期もなかったわけではありません。

そんな私が「腹をくくる」きっかけになったのが、まさに小柴先生の写真だったのです。

何かをするのに、「縁の下の力持ち」が一人もいないなんてありえない。私1人が二度と表舞台に出られなくとも、4人の子どもをきちんと育てれば、世の中に対して4人分の貢献ができたとも考えられるのです。

それならば私は「縁の下」で朽ち果ててもいい。そう覚悟を決めて、子育てに全力でエネルギーを注いでいくことにしたわけです。

いざ能動的に動いてみると、子育てにはたくさんの「工夫の余地」がありました。

たとえば古文単語を覚えるにしても、次男はなかなか進まず、単語帳はほったらかし。「最後のページを見るのが夢なんだよ」なんて言うので、「じゃあ、先に夢を見たら?」と、後半のページから先にやらせてみたのです。すると、思った以上に効率よく勉強が進む。自分の考えたノウハウがうまくいくと、達成感がありました。

今の時代、女性もどんどん社会進出をしています。子どもを持つこと、育てることに関しても、さまざまな意見・生き方があると思います。そんな時代の流れの中で、「表に出ない仕事」である子育てをあえて選ぶのは大変なことかもしれません。
私自身は思いがけなく、このような表舞台に出させていただいていますが、今でも「縁の下の力持ち」は大切な仕事だと思っています。

２０１８年２月
佐藤亮子

CONTENTS

勉強の考え方

時間とスケジュール

勉強道具やツール

しつけと声かけ

家族・家庭のルール

幼児期のポイント

小学校のポイント

中学・高校のポイント

勉強の考え方

001-024

001

根性論は「百害あって一利なし」

一般論になりますが、日本には「目標を達成するためには、汗と血を流すべき」という根性論がはびこっているように思います。

今はどうかわかりませんが、昔はスポーツの練習をするにも「根性を鍛えるため」といって、水を飲ませずに走らせる先生がいました。その結果、熱中症で体調を崩したり、ひどい場合には亡くなったりする子どもがいたのです。

そういった事件を見聞きしながら、「どうして医学的に無理なことをさせるんだろう？」「どうして方法論を変えようと思わないんだろう？」と疑問を持つようになりました。精神論や根性論では、何の解決にもならないと感じたのです。

受験勉強に関しても、勉強を修行か何かのように考えている人がいるようです。本

図01　「根性論」は採用しない

×
今日は漢字30個を覚えるから書き取り15ページ！
そんなに書けないし意味あるの……？
○
漢字30個を覚えるために反復練習しよう
わかった！

➡ ロジックなき「根性論」にしない

当の仏道修行ならば、「苦行」にも意味があるのだと思います。

でも、勉強であえて「苦行」をする意味はまったくと言っていいほどありません。

必要な内容と、かけられる時間はあらかじめ決まっているのだから、そこはきちんと計画を立てて、効率よく進めればいいと思うのです。

有名な野球選手であった桑田真澄さんの本に、「練習中に殴られるのは嫌だった」と書かれていた記憶があります。

スポーツでも勉強でも、根性論や暴力主義で指導をすれば、頭を使う必要もなく、確実に楽でしょう。でも、「根性論」だけで育てられた子どもが、果たして本当に「まっすぐな心」を持った立派な大人に育つでしょうか？　日々のニュースを見ていれば、それが必ずしも正解でないことがわかると思います。

勉強は楽ではありません。単語一つ覚えるだけでも、意外とエネルギーがいるものです。おまけに受験勉強は、一日や二日の戦いではなく、何年もかかる戦いになる。楽しくないと、勉強は続かないのです。

ロジックなき「根性論」で乗り切れるほど、受験は甘くない世界です。

002

「東大に行かせよう」という魂胆が見えると、子どもはついてこない

「××大学に行かせたい」という親の魂胆が見えると、子どもはついてきません。そもそも、具体的な学校名を出して「どこの大学に行きなさい」などと言うのは、親の見栄が優先された言動だと思います。そんなことをして、もしも受験で目標の学校に行けなかったとしたら、どうなるでしょうか？

その子は一生「自分はお母さんの希望を叶えられなかったんだ」という気持ちを抱えて生きていくことになるわけです。だから私は絶対に、具体的な学校名を出すことはありませんでした。そうはいっても、我が家は全員が東大理Ⅲを受験することになったわけですが、これは私がそう仕向けたわけではなく、通っていた学校の影響、つまり灘の影響が大きかったのだと思います。

長女より

実際、家族から東大理Ⅲに行くように言われたことは一回もなく、私も中1のときから東大理Ⅲに行くと心に決めていました。

そもそも我が家のきょうだいは、部活も「みんなばらばらにしようぜ」と言い合わせるような子たちです。それだけにきょうだい間の圧力というのもなかったはず。それなのに、志望校だけはそろったというのは、灘という環境のなせる業でしょう。

どうやら灘には、「東大理Ⅲを受けるのがかっこいい」という風潮があったようなのです。これまで勉強してきたことをぶつけるにあたって、どうせなら一番難しいところに挑戦したい。先輩たちに聞いてみると、どうやら「東大理Ⅲ」というのが一番難しいらしい。だから目指してみようと、そういうことだったと思います。

子どもたちに志望校を聞いたのは、長男が高校1年生のときのことです。「文系でも理系でも、別にどっちでもいいけど、どうするの？」と聞いてみたら、長男は「僕は東大の医学部に行きたい」と言いました。

次男と三男にも聞いてみたところ、次男は「僕は東大にこだわる」と言い、三男はまだ中学1年生なのに、「僕は何浪しても東大の理Ⅲに行くぞ」などと言うのです。その様子を見て、のんびりした三男が、そこまでしっかり考えていることにも驚いたのを覚えています。

003

親の意向を押し付けるときょうだい仲が悪くなる

私の主人は弁護士ですが、弁護士の方には、子どもも同じく弁護士になって親子で事務所を構える方も多いようです。ときどき連名でのお手紙が届くことがあり「親子で開業されたのだな」とわかるのです。

子どもに、自分と同じ仕事をしてほしいと思うのは、ある程度は自然な気持ちなのだと思います。でも私は、それを子どもに押し付けたくはありませんでした。

生まれる子どもがどんなことを好きになるかは、まったく予想がつかないものです。もしかしたらスポーツ選手になりたいかもしれない。もしかしたら芸術の道に進みたいかもしれない。どんな子どもに育っていくかはわからないので、なるべく自由な選択ができるように、とりあえず「学力」を最大限伸ばしてあげようと考えました。そ

長女より

きょうだい仲はとてもいいです。兄たちはべたべたしませんが、いざというときはとても頼りになります。

うすれば、「もしものときにも潰しが利く」という考えもありました。

もちろん、子どもから希望して同じ仕事につく場合なら、まったくそれで構わないと思います。でも、親が日頃からちょっとでも「弁護士になってほしいな」なんてつぶやいていたら、子どもの頭の隅っこに親の意向がずっと居座ってしまいます。親の意向に反抗するのは、子どもにとってかなりエネルギーのいる行為。だからちょっとでも、そういう言動はしないように我が家では気をつけていました。

長男が生まれる前の時点で、主人にもしつこく「絶対に『弁護士になれ』なんて言わないでね」と共有しておいたのです。

親の意向を押し付けると、きょうだいの関係にも悪い影響を及ぼすと思います。親の仕事を継がされるのはだいたいの場合、長男です。そうなると、きょうだいの扱いにも自然と差が出てしまい、きょうだい仲が悪くなるのではないでしょうか。

家の中で「一番偉いのはお父さん、二番目に偉いのはお兄ちゃん」となってしまって、下のきょうだいにとっては、二人が壁のように立ちふさがってしまう、なので我が家では一切、「親の仕事を継がせる」ような言動はやめにすると決めたのです。

004

勉強のやる気を出させるには「まず点数を取らせる」

「勉強をやる気にさせるには、どうすればいいですか?」というご質問を受けることがあります。**私は何よりも、「点数を取らせること」が一番の解決策だと思います。**

勉強のやる気が出ない子というのは、そもそもテストで点数が取れていないことが多いものです。たとえば学校の小テストでも、10点満点のうち、いつも4点か5点しか取れていない。すると中間テストや期末テストでも点数が取れない。これでは当然、勉強のやる気も出てこないわけです。

そうはいっても勉強の苦手な子に、いきなり中間テストや期末テストを頑張らせるのは無理があるでしょう。

おすすめなのは小テスト。小テストというのは、漢字や英単語といった内容である

長女より

実際、今まで成績の振るわなかった子の点数が一度上がると、どんどん上がっていくケースは何度か見たことがあります。

ことが多く、範囲もきちんと決まっています。そこでお母さんがついてあげて、たとえば答え合わせを手伝ってあげる。答え合わせだけならば、英語がわからなくてもできます。そのくらいの小さなお手伝いをしてあげて、小テストに臨ませるのです。すると、意外と簡単に10点満点のうち、8点や9点が取れてしまうと思います。

なかには、子どもの点数が悪いと知ってあわてて塾へ入れてみたり、通信教育を始めてみたりする方もいるでしょう。

塾や教材は、もちろん有効なツールではあります。でも「入れただけ、始めただけ」で満足して、あとは塾や教材にお任せ、というのでは効果は薄いのではないでしょうか。やはり、小テストでもいいので、お母さんが手伝ってあげ、子どもに「点数が取れる経験」をさせてあげることが大切になると思います。

たとえ日々の小テストでも、「満点を取れた！」という体験をすれば、子どもは気持ちがいいはずです。私はいつも、「子どもに気持ちよく過ごしてもらうことが大切」だと思っています。子どもが気持ちよく学校へ通い、勉強のやる気が出るようにするには、「点数を取らせる」ようにするのが一番手っ取り早いのです。

005

中途半端な目標は立てない。何事も「100点」を目指すつもりで

私は「何事も0か100かで考えることが大事」だと思っています。

これは人から聞いた話ですが、灘を目指して頑張っていたあるお子さんがいました。そのお子さんは公立の小学校に通われていたのですが、小学6年生の秋ともなれば、受験生は毎日のように塾の授業に行かなければなりません。近所にたくさんお友達がいるのにまったく遊べなくなる。そんな毎日がつらかったのでしょう。そのお子さんは、「灘は無理でもいいから、遊ばせてほしい」と言ったそうです。

確かに、灘中学を目指せるような実力があれば、ほかの学校にも合格できるでしょう。成績を見て安心していたのでしょうか、その子のお母さんは「いいよ」と言いました。子どもは喜んで、近所の子どもと心ゆくまで遊ぶようになりました。しかし、

長女より 小さなテストでも満点を目指すことが大切です。

受験の結果はというと、灘どころか滑り止めの学校すら「全落ち」だったのです。**人間、理想や目標を下げるのは簡単です。でも、一度中途半端な目標を立ててしまうと、結果はどんどん悪くなります。**「テストの目標は80点でいいや」などと考えていると、50点、60点しか取れなくなる。学校へ行く時間も、「間に合えばいいや」と思っていると、だんだん遅刻するようになる。よほど厳格に目標を守るようにしなければ、どんどん怠けるようになってしまうのです。

テストで100点を取ろうと思ったら、前日にテストがあることを思い出すようではだめです。2週間くらい前からきちんと準備をしなければいけません。同じく、遅刻をしないでおこうと思ったら、きちんと早く起きなければいけません。厳格な目標を立てれば、「前もって準備する癖」をつけることができます。

これは受験という大きな目標でもそう。「理Ⅲは無理かもしれないけど、とりあえず東大に受かればいいや」などと考えるようでは、東大どころか、他の大学にだって受かるはずがありません。中途半端な目標ではなく、100点満点の目標を立てること。そして、それに向かって念入りに準備すること。それがとても大事なのです。

図02　中途半端な目標は立てない

×

○

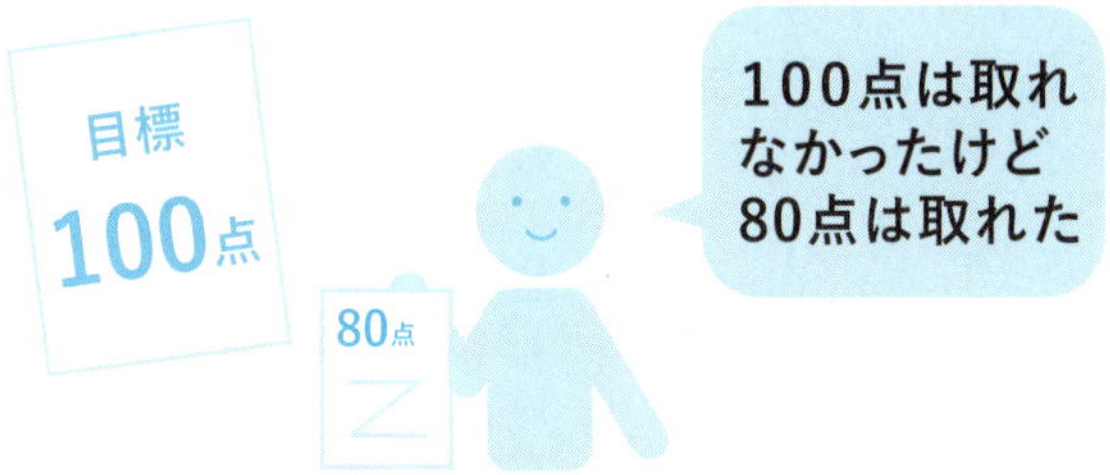

➡ 目標を下げてしまうと、
それに合わせて結果も下がってしまう

006

正しい姿勢にはこだわらない。寝ころんで勉強してもいい

人間、そんなに素早くモードを切り替えられる生き物ではありません。ですから私は、子どもが勉強を始めるときの姿勢にはこだわりませんでした。何時間も連続でシャキッとして勉強するのは難しいと思うのです。

それでも子どもがくもんしかやっていなかった頃には、姿勢について口うるさく言っていました。背筋を伸ばして座り、きちんとした持ち方で鉛筆を持つように言いました。でも浜学園に通い始めてみると、やることの量がとにかく膨大になりました。私自身は中学受験をしていなかったので、「ものすごい量をやらなくちゃいけないんだな」と驚いてしまったほどです。

それをすべて済ませる間、ずっと正しい姿勢を保ち続けるのは無理がある、かわい

長女より 私も兄たちもよくこたつで寝ころんで勉強していました。

そうだと思ったため、うるさく言わないようになったわけです。

くわえて、気分の問題もあります。

子どもが全員小さかったときには、全員の子ども用の机を向かい合わせにして置いてありました。夏にはクーラーを一部屋だけつけ、子どもを集めてやらせていたこともあります。

その状態で、くもんのプリントを始めるときには「さあやるぞー!」と同時にスタートさせるわけですが、中学受験が近づいてくると、なんでも同時にというわけにはいきません。どうしても、受験を控えた子だけ早めにスタート、遅めに終わることになってしまいます。

他の子がわいわい遊んでいるのに、一人だけシャキッと勉強を始めるなんて難しいことでしょう。それなら、最初は遊び半分でゴロンとしていてもいい。だんだん起きて、段階的に机に向かえばいいのではないかと思ったのです。

これは大人にも言えることだと思います。食事が終わった後などに、すぐ机に向かうというのは難しいことです。それならば、切り替えは段階的でいい。最初は寝ころんで始めるくらいでもいいのではないかと思います。

007

塾選びでは「雰囲気」もチェック。「余計なプレッシャー」は必要ない

中学受験の塾を選ぶときには、合格実績だけでなく、塾の「雰囲気」も気にしておくとよいでしょう。必要以上にプレッシャーをかけるような塾は、子どもにとって負担でしかないからです。

たとえばある学習塾では、子どもの席を「成績順」で決めるそうです。子どもの競争心を育てる工夫なのかもしれませんが、個人的にはそういう方針は私は苦手です。中学受験も大学受験も、競うのは「隣の席の子」ではなくて、「全国にいる志望者たち」だからです。

目に見えない範囲にこそ戦うべきライバルがたくさんいるのに、教室の席順で悩むなんて、まさに「余計なプレッシャー」ではないでしょうか。

受験は、自分自身との戦いです。ライバルの点数がたとえ落ちても、その点数が自分のものになるわけでもありません。

そうではなく、「日頃のやり直しで手を抜かない」「間違った問題を頭をひねって考え続ける」というように、ちょっと気を抜くと「面倒だな」と思ってしまう、そんな自分と戦い抜くのが受験なのではないでしょうか。

一つの教室の中で、目に見える範囲のライバルだけを気にしていても、最後まで受験を勝ち抜くことはできないだろうと思います。

ただし矛盾するようですが、私は「実力別クラス」「志望校別クラス」については必要だと思います。なぜかというと、実力や志望校によって、授業の内容が大きく変わってくるからです。

むやみに全員同じ授業を受けさせても、退屈になる子、追いつけない子がきっと出てきてしまうでしょう。それはそれで、全員に対してもったいないことだと思います。そうではなく、それぞれが必要な授業を受けられるのが大切で、「それと関係のないプレッシャー」は避けるべきだというのが私なりの考え方なのです。

008

学校の授業には「新たな切り口」がある

「塾に行っているから」と言い、学校の授業をないがしろにする人がいます。でも、私は学校の授業も同じように大切にするべきだと思います。

一つ目の理由は、「中途半端なことはしてほしくない」からです。いい加減な気持ちで学校の授業を軽視する……そんな態度では、すべてのことが中途半端になってしまうのではないでしょうか。「学校の授業中に塾の宿題をやる」というのも、いいことではないと思います。

多くの場合、塾の内容を余すところなく、完全に理解しているということはなかなかないはずです。たとえ先取り学習をしていても、必ずどこかに知識の抜け・漏れがあるものです。学校の授業を一通り聞けば、その穴をふさぐことができ、受験にも役立つのではないでしょうか。もちろん、学校のテストは授業から出題されるため、授業を聞いておかなければ高得点が狙いにくいという実用的な理由もありますが。

二つ目の理由は、「その教科を違った角度で見ることができる」からです。

塾と学校の授業では、ポイントとして説明される部分が違います。「受験対策」をしてくれる塾とは、違った観点があるわけです。新たな切り口でその教科を見れば、より理解が深まるのではないかと思います。

そして最後の理由は、「学校の授業には学校の授業のよさがある」と思うからです。

塾は受験対策のために、なるべく「最短距離」の授業を提供してくれる場所です。それに対して学校は、さまざまな子どもを相手にする場所。その教科が得意な子もいれば、苦手な子もいるでしょう。そうなると授業も、なるべくシンプルに嚙み砕いたものになるわけですが、それがかえって得意な子にも役立つことがあるのです。「わかった気」になっていた知識を、改めてきちんと理解すると言えばいいでしょうか。

そういった体験ができるのは、学校の授業がきっかけになることも多いと思うのです。学校の授業からも、学ぶべきことはたくさんあると言えるでしょう。

009

学校は「みんなで楽しく学ぶ」場所。周りに応援してもらえるような態度を

「受験組」が、学校の先生や周りの同級生たちと衝突してしまう原因として、「『受験しない組』と一線を引いた付き合い方をしてしまう」というものがあります。要するに、「自分は公立の学校には行かないぞ」という態度をとってしまうのです。

そんな態度をとってしまったら、周りとの関係がうまくいくはずはありません。私は4人の子どもたちに、それだけは絶対にしないようにと言い聞かせてきました。

学校は、みんなで楽しく学ぶ場です。当然、お世話になっている学校の先生には感謝するべきですし、自分だけでなく、他の同級生たちも楽しく学べる環境にしなければいけません。「自分は君たちとは違うんだ」という態度をとれば、周りのお友達が不快な気持ちになってしまいます。周りを不快にしておいて、自分の受験を応援して

もらえるはずがないのです。

こういう態度をとってしまう背景には、塾で習うなどして「難しいことを知っているぞ」というおごりがあるように思います。

確かに中学受験では、学校では習わないような複雑な内容を勉強する必要があります。でも、それはただ「習ったからできる」だけのこと。本当に知っているというのは、「自分が先生になって人に教えてあげられる」レベルのことを言うのです。

ちょっとばかり複雑な問題が解けるからといっても、極論を言えば、受験のために覚えた「中途半端な知識」でしょう。その程度のことで、偉そうな態度をとるなと私は言いたいのです。

先生や同級生たち、そして何より子どもたちが楽しく学校に通うためには、周りへの配慮が欠かせません。親がもしも、自分の子どもと周りの子たちに線引きするような言動をすれば、子どもはまったく同じような態度をとるようになってしまいます。「周りへの配慮」については、子どもに言い聞かせるだけでなく、親自身も気をつける必要があるのではないでしょうか。

010

テスト勉強には「問題集」こそ必須。好みに合わせて選ぶ

テスト勉強をする際には、市販のものでも塾のものでも、とにかく「問題集」が重要になると思います。

一般的に、テスト勉強に使われるのは「ノート」や「教科書」。学校のノートは基本的に、先生の板書を写したものです。要点がまとまっていますから、たとえば「歴史の流れ」を追う場合などにはわかりやすくなっているのだとは思います。

ただ、いざそれだけを使って勉強しようとすると、覚えるべき答えはすでに書いてあるわけです。それでは覚えにくいので、コピーをとって、マーカーで消して……と、している時間がもったいない。教科書にしても一緒です。そんな作業をしているくらいなら、はじめから問題集を買って解くほうがよっぽど効率的ではないでしょうか。

長女より

学校の考査前は、苦手な社会のためにいろいろな問題集をやって知識を定着させようとしていました。

最近の市販の問題集は、どれも考えて作られていて、質がよいものがほとんどです。我が家でもいろいろ試しましたが、「これはだめだな」という問題集は特にありませんでした。カラフルなもの、イラストが多いもの、その反対に辞書のようなものなど、いろいろな問題集が出ているので、子どもの好みに合わせて買うのがいいでしょう。

ちなみに、我が家の子どもたちはというと、長男はオーソドックスなものをやり込むタイプ。学校からもらった参考書も、きっちりやりきっていました。次男は「語呂合わせ」など、楽しいテイストのものが大好き。対照的に三男は「ちゃらちゃらした本」が大嫌いで、イラストがあるだけで「こんな参考書はふざけてる」などと言い、まったく手をつけませんでした。長女はというと、通っていた塾の参考書を全面的に信頼していて、なめるようにやっていました。しつこくしつこくやり直しをして完璧に仕上げるので、英作文の例文も「コンマの位置」まで正確に覚えきっていました。これにはさすがに、ほかの3人の兄弟も驚いていました。でも、おかげで基礎のフレーズを大量に覚え、英作文はスラスラ書けるようになりました。

「良質な一冊にこだわる」というのも、方針としてはありだと思います。

011

中間・期末テストには全力で取り組む。模試は「勉強法のチェックツール」

中間テスト・期末テストは、日々の勉強の「抜け・漏れ」を調整するために欠かせないものだと思います。

中学生でも高校生でも、「最後に受験に受かればいいから」といって、学校のテストをおろそかにする子がいます。でも、はっきり言ってそれは甘いのではないでしょうか。学校の中間・期末テストが解けないのに、受験だけ受かるというのは難しいのです。

中間テスト・期末テストの勉強をすることによって、それまでの勉強で抜けているところ、漏れているところを調整することができます。日々の見直しができる絶好のチャンスなわけです。「最後に合格すればいいから」というのも、本当に計画性を持って言うのならいいのですが、そんなことができるのはきっと一部の特殊な人だけなのではないかと思います。やはり「中間・期末をおろそかにしてはならない」のです。

一方で模試はというと、私はそこまで重視しなくてもいいのではないかと思っています。なぜかというと「模試は高3まで受けない子もいる」からです。

たとえば我が家の長男・次男・三男は、部活の試合があるからと、高3まで模試は受けませんでした。同じように、部活や習い事の都合で模試を受けない子もたくさんいるはずです。そうなると、たとえ模試で上位を取れたからといって、安心材料にはならないとわかります。

我が家では、模試の扱いは「その時期が来たら受ける」という程度で、「模試対策」にはそこまで力を入れない方針でやってきました。

中間・期末テストで点数を取っていれば、特別な対策をしなくても、模試でもきちんと点数が取れるはずです。逆に模試で点数が取れないということは、「本当は力がついていない」ことになるわけですから、それは勉強法を見直すべきでしょう。

私の中では、模試も中間・期末と同じく「日頃の勉強のチェックに使うもの」という認識です。

012 テストの「重みづけ」は大切。小テストには時間を使いすぎない

定期テストや模試と同じく、多くの学校では「小テスト」が行われます。**でも私は、「小テストには時間をかけすぎない」ことが重要ではないかと思います。**

具体的な話をすると、小テストの勉強をするときに、「家に帰ってからのまとまった時間」を使いすぎるのはやめたほうがよい、ということです。

何度も言うように、大学受験は、与えられた18年間をいかに効率よく使えるかという勝負。まとまった時間があるのならば、思考力の必要な問題を解くために使うべきだと思うのです。

テストにはいろいろな種類がありますが、それぞれに重みづけをすることはどうしても必要です。

定期テストや模試に比べれば、小テストには単純な問題が出題されることが多いはず。漢字や英単語など、「ただ覚えるだけのテスト」であることも多いでしょう。もちろん、小テストすら0点のようでは大きなテストでも点が取れるはずがありませんから、「おろそかにしていい」ということではありません。

けれども、限られた時間でエネルギーをかけるべき方向を考えると、やはり貴重な時間を取られすぎるのは問題ではないかと思うのです。

小テストの対策は、学校の行き帰りや休み時間などの隙間時間を利用して、友達とわいわい話しながら勉強するようなスタイルがいいのではないでしょうか。

013

「終わりの見えない状況」は不安。全体量を「見える化」する

何事も「終わりが見えない」という状況は不安なものです。

仕事も勉強も、全体の量が見えないと、やることが無限にあるように思えてしまいます。そうなるとなかなかやる気も湧きませんし、漠然とした不安に襲われます。

だから私は、常に「具体的な数字にする」「総量を視覚化する」工夫を取り入れました。

たとえば三男は、プレッシャーに弱いタイプでした。それで灘中を受ける前に「19年分の過去問を4回繰り返す」ということに決めました。

「4回」と決めたのは、ことわざにはよく「3」という数字が出てくるからです。「『石の上にも三年』なんて言うけれど、『3』の上を行く『4回』でやれば、万全の備え

図03　全体量を見える化する

×
合格するために、とにかく勉強しなさい！
どれだけやっていいかわからないよ……
○
合格するために、「19年分の過去問を4回」やろう
わかった！

何をどれだけやるかを決めないと子どもが不安になる

長女より これは私の受験のときもよく母がやってくれていました。達成感と安心感が得られます。

になるんじゃない？」と声をかけて、さっそく19年分を4部ずつコピーして準備しました。それを全部クリアファイルにセットして、見えるようにズラッと並べたのです。19年分の過去問は、相当な量になりました。それでも、全体量がわかっているので、もう「無限」ではありません。「これだけやれば合格できるぞ」と思えたら頑張れます。やり終わった過去問は、段ボール箱にぽいぽい放り込むようにしていました。やり終わった過去問が箱に溜まっていく一方で、クリアファイルはどんどん薄くなっていきます。

やった量が目に見えると達成感が得られますし、何よりとても気持ちいい。「えいっ！」と段ボールに過去問を投げ込んでいく動作はスカッとするらしく、三男も楽しんでいました。

「不安を具体的にする」ための工夫として、ぜひ取り入れていただきたいと思います。

014

基礎問題は「飽きるまでやり込む」。それから応用・複合問題へ着手

問題集は、「基礎的な本は覚えるまでやる」、そして「基礎力がついたら複合問題に移る」という方針で進めればいいと思います。

問題集を一周やってみただけでは、どこかに知識の「穴」があることが多いものです。子どもたちの塾の先生は、その塾の参考書を「3回」やるようにすすめてくださいました。その参考書を、もらった時点で1回、夏に1回、そして念のため、秋にもう1回やるといいそうです。3回繰り返してやることにより、基礎知識を確実に定着させられるということなのでしょう。

実際、長男・次男・三男は、何回か繰り返して取り組んでいました。この3人は、行事で塾を休んだり、プリントにも抜けがあったりして、いい加減な部分が少し残っ

長女より

私は新しい難しい問題に出くわしたときのシミュレーションをしたかったので、新しい問題をたくさん解いていました。

ていたからです。なめるように塾の教材をやり込んだ長女に比べるとどうしても「穴」が多いので、定着するまで一冊を繰り返す方法をとったというわけです。

一方で長女は、基礎の問題集を1回やり終えた時点で「もういいわ」と言ってやめてしまいました。なめるように塾の教材をやり込んでいたので、簡単な例題だけではもう手応えがないと感じたそうです。つまらないと言うものを、無理にさせても仕方がありません。それで、長女は一周やり終えた時点ですぐに、過去問や模試に取り組む方針に切り替えました。

総合して言えば、基礎の問題集は「飽きるまで繰り返しやる」というのがいいように思います。基礎の問題はもう解きたくない、つまらないと思えるくらいまでやって、それから過去問に移るのがいいと思います。

過去問や模試で出題される問題というのは複雑な難問ぞろいです。基礎の知識が曖昧なままで挑んでも、なかなか思うように解けないのです。

そして言うまでもなく、複合問題に移ったあとであっても、「このあたりの知識が曖昧だな」と感じれば、すぐに基礎に立ち返ることが重要になると思います。

015

宿題は「やりきる」。「やらない」子は、もしかしたら「できない」のかも

子どもたちが浜学園に通い始めたとき、「宿題はやりきる」というルールを作りました。これだけは本当に口うるさく言ったと思います。どれだけ大変でも、宿題だけは最後までやりきるという方針を、徹底して守らせたのです。

しかも、寝る時間はきちんと確保しなければなりませんから「スケジュールを逆算しなさいよ」とも言いました。「7時になったら始めて、終わったら寝よう」では、どうしてもだらけてしまいます。そうではなく、「午後11時には絶対に寝る」と決めて、時間がかかる宿題なら、「30分早めに始めなくちゃ」と逆算させる。そうすれば、「間に合わない、やめよう」と考えるのではなくて、「間に合わない、どうすればいいんだろう？」と考える姿勢を育てることにもつながります。

長女より

一回やらないとやらないことが癖になってしまいます。多少適当になってもとりあえず終わらせることが大事だと思います。

また、もしも子どもが宿題をやらない状況が続いているのだとしたら、「そもそも宿題をするための学力が足りない」のかもしれません。「やりたいけれども、わからない」という状態になっているために、宿題を後回しにしている可能性があるのです。

我が家でも、次男がある日「漢文がヤバイ」と言い出したことがありました。次の日にテストがあるのに、今日の今日まで放ったらかしにしていて、全然わからないと言うのです。我が家はきょうだいで勉強を教え合っていたので、次男は長男に聞きに行きました。長男は、基礎の問題をザーッとコピーしたものを作って「これを30分で覚えてこい」と。それができると「はい、これ第二段階」と言って渡して、最終的にはちゃんとマスターさせていました。

親御さんの中には、子どもが宿題をしないのを見て、つい「どうしてやらないの?」「ちゃんとやりなさい」と言ってしまう人もいると思います。でも、そこでいったん「なぜこの子は取り掛かれないんだろう?」と考えてみてほしいのです。

「宿題をしない」という結果だけを見て反応するのではなく、「どうしてだろう?」と考えるようにするのが重要なのです。

016

「ママに説明して」と言うことで子どもの理解は深まる

中学受験の問題には、大人でもなかなか解けないような難しい問題もあります。

たとえば、算数でよく出題される「速度」の問題。「ある人がホームに立っています。そこに特急列車がやってきて、ブザーを10秒鳴らしました……」というような出題なのですが、情報の整理がとにかく複雑で、ものすごく難しい。「ど素人」のママには到底解けないような難問に、子どもたちは立ち向かわなければなりません。

私はその問題を見ながら、「ブザーが何秒聞こえるかって、そんなの人によるんじゃないの」と言い、「そんなこと言ったら問題にならないんだよ」「じゃあ教えて」などとコミュニケーションをしながら、子どもにその問題を解説してもらったのです。

いかんせんママは「ど素人」ですから、なんの知識もない人間にわからせるつもり

長女より こういうことはたまにあったんですが、めんどくさかったですね（笑）。

で説明しなければなりません。すると、子どもが問題の内容をよくよく理解しているときには、とても丁寧に噛み砕いて説明してくれることがわかりました。

一方で、子ども自身もよくわかっていないときには、話しながら「あれっ？」となります。そこで見わけることができます。

受験に限らず、知識の中には「実はわかっていなかった」ことがたくさんあります。

算数の解き方にしても、「ここはAとBを足す」とだけ丸暗記したところで、「どうして足すのか」がわかっていなければ、やはり理解が浅いと言えるでしょう。

「ど素人のママに教える」ことで、子どもはその「知識の漏れ」に気づいてくれたわけです。人に何かを説明すると、自分自身の理解も深まることが多々あります。

もちろん、こんなやりとりをしょっちゅうしていたのでは、無限に時間がかかってしまいます。ですから毎回やる必要はないでしょう。でも、子どもが問題に詰まっているときなどは、コミュニケーションの一環として「一回ママに説明してみて」と言ってみるのもいいかもしれません。ママの側も、「こんなに難しい問題をやっているんだな」とわかり、応援する気持ちがより強くなるはずです。

017

宿題の丸つけは親がする！バツを「非難のバツ」にしない

私は、「宿題の丸つけは親がする」ことが必須だと思っています。

宿題というものは、丸つけをして、間違っていたところをやり直すまでが宿題です。

でもそうなると、子どもはどうしてもズルをしたくなってしまう。

せっかく終わったと思った宿題をまたやり直すのはイヤなので、答えのほうを先に直して、バツをマルに変えてしまうのです。そんなことをしたら、宿題の意味がなくなってしまいます。

バツをマルに変えてしまうと、日々の勉強の記録としても台無しになってしまいます。

しっかりと丸つけをしたプリントなら、あとになってから「だんだん良くなってきたね」などと振り返ることができます。これがもし、ごまかして全部マルにしていたらどうでしょうか。その記録は、あとから見てもまったく意味のないものとなってしまいます。

だからこそ、宿題は親が丸つけをして、もしも間違いがあったならば、しっかりバツをつけることが大事なのです。

「やり直しが面倒だ」という理由でなくとも、「間違ったことを認めたくない」という気持ちから、なかなかバツをつけられない人もいるかもしれません。

せっかく解いた問題にバツをつけるということは、とても勇気のいる行為です。なかには「親が」バツを恐れて、つけられないケースもあると聞きます。

でも、受験は「いかに自分をシビアに見られるか」という勝負です。たとえ10問中9問がバツになってしまっても、その現実から目を逸らさない。

合格というゴールに対して、自分が今、どれくらいの位置にいるのか、ゴールまでの距離はどのくらいなのか。それをどれだけシビアに把握できるかが、受験の結果を決めるのです。宿題の答えをごまかしているようでは、残念ながら考えが甘いと言わざるを得ません。

長女より　自分でバツつけるのいやでしたね……高３になってもいやでした（笑）。

子どもがバツを恐れてしまうとしたら、バツが「非難のバツ」になっているのだと思います。

間違ったことを責めてしまうと、バツは「非難のバツ」になります。でも、本来のバツの持つ意味は「受験本番を迎える前に、間違えておいてよかったね」という意味であるはずです。

バツを恐れるのではなく、「自分の理解が足りないところを発見できた」と捉えるようにすればいいのです。

018

「気持ちよく取り掛かる」ための準備を前日までに済ませておく

宿題でもなんでも、「すぐに取り掛かれる」状態を事前に作っておくことが大切です。長女が東大を受験するとき、模試や本番の過去問を準備しておくのは私の役目でした。問題と解答用紙をコピーして、半分に折って、一日分を紙袋に入れます。それを机に置いておくと、長女が起きてきて、取り出してすぐに取り掛かる。そういうスタイルでやってきました。

過去問の準備は、最初は長女が自分でやっていました。しかし、「過去問をコピーして二つ折りにする」だけのことでも、多少は時間がかかります。たとえ1分かからないことであっても、蓄積すれば結構な時間になるでしょう。「折る時間さえもったいない」と言われたので、私が代わりに引き継いだわけでした。長女の徹底した姿勢

長女より

直前期は本当に助かりました。問題を解く・マルつけをする、見直しをする以外のことをする元気が１ミリもなかったので……。

には驚かされたことを覚えています。

何かをするときに、「気持ちよく始める」のは大事です。

長女の場合、過去問を紙袋から取り出すだけの状態にしてあると、かなり気持ちよく取り掛かれるようでした。前日までに「始めるだけ」の状況を作っておけば、スムーズに取り掛かることができるのです。

過去問の例で言えば、ちょっと時間があるときにまとめてコピーしておけばいい。人間は、同じ作業を繰り返すと、どんどん速く手が動くようになります。一日５分ずつ使って過去問を準備するより、一年でやる分をまとめて準備するほうが、トータルでかける時間を短くすることができるのです。

まとめて準備ができないときには、隙間時間を利用するのもいいでしょう。日々のちょっとした時間を使って、５日分とか10日分を準備すればいいわけです。

私がおすすめするのは「食後」。ごはんを食べた後というのは、すぐに動く気がしないものです。そういう時間にちょこちょこっと用意しておくだけで、次の日からの取り掛かりがスムーズになる。何事も、事前準備が重要なのです。

019

受験は「余裕」を持てた者が勝つ！「落ちたらやることがない」レベルに

受験については、「余裕を持って受けること」が勝利をつかむコツだと思います。「余裕」というのは、簡単に言えば「やりきったぞ」という気持ちのことです。「目標の大学に通るためには、これだけの勉強をしなければならない」という量を、ひとつも残さず、すべてやりきった状態にすることで、心にも余裕が生まれ、勝負に勝つことができるのです。

たとえば我が家の長女であれば、長男・次男・三男がすでに受験を終えていましたので「東大理Ⅲに合格するには、これくらいやればいい」という量がある程度把握できていました。

具体的には、鉄緑会のテキスト65回分に加え、過去問を25年分、模試を40回分です。

長女より

合格発表の日、落ちたらすぐ勉強しようとあの問題集とあの問題集をもう一度解き直すことから始めよう、と向かいました。

受験ではこれをあらかじめ、クリアファイルに用意して、全体量が目に見える形にしておきました。そしてそれを「残さずやる」計画を立てていったのです。

計画では、用意したものが3日前には終わっているようにしました。2日前には近くのホテルに待機するので、「気持ちよく行こうぜ」ということにしたわけです。

残したものがたくさんあると、荷物が大変という理由もありました。それに、どうせホテルでは勉強できないことがわかっていますから、それなら事前に終わらせておきたいと思ったのです。

迎えた受験本番。すでに、やるべき内容はやりきってしまっています。「もし落ちたらどうする？　何やる？」「もうやることないよね」なんて、話したほどでした。

「仕方ないから、もし落ちたら、やったことない問題集でもやってみようか？」と決まったのですが、結果は合格。やはり、「やることがない状態」にまで受験勉強を完成させられたことが、結果につながったのだと思います。

受験は、「余裕」を持てた者が勝ちます。何をどれだけやればいいのか、全体量を把握して、絶対にやり残しを作らないこと。それが「余裕」ということなのです。

020

「志望校」は絶対に下げない。子どもが弱気なときこそ、親は強気で

次男が大学受験を迎える高3のときのことです。夏休みに遊んでしまったのがたたり、秋の模試の成績が悪かったことがありました。返ってきた結果を見て不安になったのでしょうか、「志望を理Ⅰに変えようかな」と言い出したのです。

次男の弱気な発言を、私は絶対に認めませんでした。チャレンジしないまま諦めるなんて、たとえ理Ⅰには受かったとしても、入学した途端「もし理Ⅲを受けていれば……」などと後悔するに決まっています。次男はとにかく「カッコいい」ことが好き。理Ⅲにしても、「合格すればカッコいい」という気持ちがモチベーションになっていたのですから、志望を下げて満足できるはずがないのです。

私は次男に、「手伝うから、必死に手を動かして頑張ろうよ」と声をかけました。

図04　子どもが弱気なときほど親は強気で

➡ 目標を安易に下げても
「油断」しか生まれない

長女より

これは鉄則です。一旦志望校を下げはじめると、下がり続けます。受験生は弱気になることもあるので親に止めてほしいものです。

本番まで3ヶ月、余裕はまったくありません。それでも、なんとか間に合うようなスケジュールを立てて、態勢を立て直していくことにしました。

必死に頑張りさえすれば、たとえ落ちても納得できる。落ちたら落ちたで仕方がないので、「とにかくチャレンジしてみようよ」と言ったわけです。

私の強固な姿勢を見て、次男も腹が決まったようでした。その結果、なんとか合格することができたわけです。

受験でもなんでも、「思わしくない現状」に直面してしまうと、人は弱気になってしまいます。そこでつい、「目標を下げようかな……」と考えてしまうわけですが、それは何よりも危険な考え。**目標を下げて生まれるのは、「余裕」ではなく「油断」だからです。**何事も、「このへんでいいか」と思ってしまうと絶対に気持ちが緩みます。そうなると、下げたはずの目標にすら達することができないのです。

だからこそ、悪い結果を見て子どもが弱気になっていても、親はそれに流されないよう、気をつけなければなりません。もちろん、本人の様子をきちんと見るのは大前提ですが、基本は「絶対に志望を下げない」。これが鉄則だと思います。

021

テストの結果に「感情」はいらない。淡々と対策を練る

テストや模試の結果が悪いときは、「親が感情的にならない」ことが何よりも大事だと思います。

そもそも、悪い結果に一番傷ついているのは子ども自身のはずです。「どうしよう……」とゾッとしている子どもに対し、「こんな点数で通ると思っているの？」「落ちるんじゃないの？」なんて心ない言葉を浴びせることだけは絶対に避けるべき。感情的な言葉をかけても、何も事態は進展しないからです。

これは慰めの言葉も同じ。悪い点数を取ったことは明らかなのだから、「大丈夫」なんて嘘をついても、何の意味もないわけです。

では何をすればいいかというと、「結果の分析・対策をする」ことに尽きます。

長女より

高校のとき、模試が返却されるとまず家族LINEに上げていました。怒られることはありませんが、よくダメ出しされました。

一つひとつ、間違ってしまった問題を見ながら、「ここはどうして間違えたんだろう？」と一緒に分析するのです。

家の中では、返ってきたテストは完全にオープン。我が家の場合、他にきょうだいがいましたから、一緒になって分析してくれました。家族の中で、「ここ、間違えてるぞ」「なるほど」などと言いながら、淡々と原因を分析していくのです。ケアレスミスと、知識の抜け・漏れ・勘違いではするべき対策が変わってくるわけですから。

受験勉強は「最後さえ通ればいい」勝負です。途中で受けるテストなんて、0点だろうが100点だろうが、合否には直接関係してきません。

そうなると、テストや模試の結果に一喜一憂するのは無意味であると言えるでしょう。どんな結果が返ってきても、目標の点数と現状を比較して「どうする？」と考えさえすればいいのです。

子どもはどうしても、親の顔色をうかがってしまいます。だからこそ意識して、顔色に出さないようにしなければいけません。怒ったり嘆いたりするより、具体的な対策を一緒にしてあげるほうが、よほど愛情のある行為なのではないでしょうか。

022

親こそ「子どもが落ちる覚悟」を決める

受験にはギャンブル的な側面があります。これは、否定しようのないことです。ですから親は、たとえ望まない結果に終わってもきちんと受け止められるように、心の準備をしておかなければいけません。

なかには結果が受け入れられず、子どもが不合格になったことを隠してしまう方がいます。「合格した」と言ってしまい、あとから嘘が発覚する方もいます。他にも、「名前を書き忘れちゃって」などと言い訳をする人もいるようです。

でも、そんな嘘が子ども本人の耳に入ったら、どんな気持ちになるでしょうか。現実から目を背けるのは、誰よりも子どもに対して失礼です。たとえ不合格に終わったとしても、精一杯やりきったのなら、恥ずべきことでもなんでもありません。

三男が東大理Ⅲを受けたとき、帰り道にこんなことを言っていました。

「僕、灘中じゃないと理Ⅲに合格できないと思ってたけど、実際に受けてみたら、いろんな人がいるな。中学なんか落ちたところで全然関係ないよな」

私は、三男の言う通りだと思います。

受験勉強で学んだことは、たとえ別の学校へ行っても必ず役に立つはずです。仮に中学・高校受験に落ちてしまっても、大学受験までに求められることは同じ。心機一転、頑張ればいいと思います。

私は常々、「ウソをつかなければいけないのは、やり残しがあるから」だと言っています。本当に全力を出し切ったのなら、見栄を張る必要もありません。たとえ周りから何を言われても、「頑張った」という意識があれば平気なはずです。

私は三男に、「たとえ自分が落ちても、合格した子たちに気持ちよく『よかったね!』と言えるような頑張り方をしよう」と言っていました。

もちろん、本人でもない親が見栄をはるなんてもってのほか。どんなことがあっても堂々としていられるよう、覚悟を固めておかなければいけないのです。

023

覚えることは極力減らす。「人間は忘れる生き物」と割り切る

「うちの子、なかなか覚えられなくて」と悩んでいらっしゃる方がいます。そもそも、人間は忘れる生き物。覚えられないのが当たり前、覚えた端から忘れるものだ！　と腹をくくってみてはいかがでしょうか。

受験勉強においては、覚えることを極力減らすのがコツだと考えています。

我が家の場合、次男は面倒臭がりなので、数学の公式が思い出せないとすぐ長男に「何だっけ？」と聞いていました。長男はというと「お前、覚えるのはやめろ。人間覚えるには限界があるし、プラスとマイナスがちょっと間違っただけで、もう受験に落ちるわけ。人生が変わる」と諭し、「自分でイチから公式を作ってみろ」と答えていました。

長女より

もちろん毎回イチから公式を作るのは時間がかかるので、完全に暗記するのではなく、一瞬で考えて作る、という感じですね。

すぐに問題を解きたい次男は「ええー」と抵抗していましたが、しぶしぶ自分で公式を作るはめに。そんなことを繰り返しながら、最終的にはきょうだい全員が「公式は作るもの」と言うようになりました。

もちろん、社会科の単語だとか、英単語などは覚えざるを得ないでしょう。けれども、机に向かって何時間も暗記に割くのは時間の無駄。そんなふうにして詰め込んでも、大半は忘れてしまうわけですから、かけた時間がもったいない。

そうではなく、隙間時間や移動時間を利用して、ちょこちょこ眺めてみるのです。きょうだいがいるなら、きょうだい同士で掛け合いをしながら覚えるのもいいでしょう。書店に行けば、主要な歴史上の出来事を歌にしたCDなども売っています。それを移動中の車で流すなどして、隙間の時間で覚えていく。

それでも、どうしても覚えられない単語もあります。そういう単語は、5枚とか10枚とか紙に書いて、部屋もトイレも、そこら中に貼りまくって目に入るようにする。あまり綺麗に整頓して貼ってしまうと、人間、注目しなくなりますから、あえてランダムに貼っておくのがおすすめです。こうしておけば、他のきょうだいもそのうち覚えてしまいますから、お得な方法だと思います。

024

なんでも「やる気」のせいにしない

「やる気」そして「集中力」は、大人になっても悩む人の多いトピックです。講演会で各地を回っていても決まって質問をいただきますから、よほど悩んでいる方が多いのでしょう。でも、ちょっと考え方を変えてみてください。

多くの場合、「やる気の問題」ではなく、「目の前の課題が適切ではない」のです。

子どもがなかなか勉強をしない状況を、食べ物にたとえてみましょう。まずい食べ物を目の前に置かれても、子どもは当然、なかなか箸をつけようとしません。けれども、それは「やる気」の問題ですか？　違いますよね。美味しくないから食べないのです。もしも美味しい料理を出せば、食べるなと言っても食べるでしょう。勉強だってそれと同じ。わからない、面白くないと感じるからやらないのであって、「わかる！」

長女より 母は毎日やる気に満ち溢れていました……すごいですね。

「できる！」と思う課題であれば、子どもは楽しく取り組めるのです。

これは私の経験則ですが、子どもが勉強につまずいている場合、だいたい2学年戻るのがコツだと感じています。5年生の算数がわかりにくいなら、3年生のドリルを買ってやらせてみましょう。当然、簡単な内容ですから、子どもはノリノリで取り組んでくれます。このときの勢いは結構なもので、叱らなくても集中力を保っています。

「わかる問題」であれば、子どもは自然と集中するのです。

取り組んでいる途中に、ちょっと理解が曖昧な部分、間違って覚えている部分が出てくるでしょう。それを見つけてやり直しながら進めていくと、だいたい2週間ほどもあれば、もとの学年に戻ってきます。わからないところを曖昧にせず、戻って解決することで、もとの学年の課題だってきちんと取り組めるようになるはずなのです。

大人でもそうですが、目の前の課題の種類をまったく変えないまま、精神論で切り抜けようとしないことです。

「今日は調子が悪い」とか、精神的なことを言い訳にし始めると埒が明きません。やる気が出ないなら、目の前の課題を見直してみる。それが正しい考え方だと思います。

時間とスケジュール

025-036

025

3歳までに絵本を「1万冊」読む。読んだ数は正の字でカウント

我が家に子どもが生まれるとき、私は子どもに「人間のきれいな感情」を見せ、「きれいな言葉」を覚えさせるにはどうしたらいいかと考えました。そして、そのためには絵本がうってつけの存在だろうという結論に至りました。

そうはいっても、具体的な目標がなければ、なかなか人は頑張れません。

育児は毎日が大忙し。何せ、一人で食べることもできないような小さい子を育てるのですから、直接子どもの生死に関わってこない「絵本の読み聞かせ」なんて、優先順位が下がってしまって当然なのです。

具体的な目標を決めないままで「なるべく読み聞かせをしよう」とぼんやり考えているようでは、日々の忙しさにかまけて読まなくなってしまいます。

「では、どのような目標を立てようか？」と考えていると、ちょうど、くもんが「3歳までに絵本を（繰り返し読むのも含めて）1万冊読み聞かせる」ようにすすめていました。それで我が家の目標は「1万冊」と決め、1冊読むごとに正の字を書いていきモチベーションを維持しました。

個人的な考えですが、「1万」という数字はキリがいいだけでなく、大事な数字のように思います。

バイオリンのスズキ・メソードの本にも、「1万」という数が登場しました。「もしもある音が出しにくかったら、1万回、同じ音を練習すればいい」そうです。

それから司法試験も、主人は、合格するには「1万時間」勉強することが目安だと言います。

「1万時間」と言われると途方もないように思いますし、実際、1日1時間しか勉強しなかったとしたら、合格までには1万日……約28年もかかってしまいます。

でももし、1日に10時間勉強したら、1000日、つまり約3年で合格できることになります。

絵本もこれとまったく同じだと考えました。1万冊というと途方もない量に思いま

長女より

絵本は本当にたくさん読みましたし大好きです！

すが、1日に10冊（回）読み聞かせをすれば、3歳までに1万冊を達成できる。それならいける！　と思ったわけです。

026

絵本1万冊には図書館を活用する

「1万冊」という目標を決めたあとは、さっそく絵本の調達です。私はすぐに本屋さんへ行って、絵本を買おうとしました。

けれども、最近はとにかくたくさんの絵本が出版されています。何を選べばいいのか、経験のない私は戸惑うばかりでした。

もちろん、有名な作家さんの作品には、私の世代でも馴染み深いような絵本もあります。でも、最近出たような絵本となるとお手上げです。「これはわからないわ」と思って、自分で選んで買うことはひとまず諦めました。

代わりに私が利用したのは、くもんの出していた推薦図書リストです。このリストでは、5Aから始まって4A、3A、2A、A、B……とレベルが分けられています。

5Aから2Aが乳・幼児、AからCが低学年……と決まっていて、それぞれのレベルに50冊ずつ推薦図書が挙げられています。このリストは、絵本の選び方がわからなかった私にとって大助かりのアイテムでした。

私はこのリストを、いつも主人がお世話になっている本屋さんにFAXで送りました。「幼児向け」は合わせて200冊ありましたが、それをすべて取り寄せてもらい、家に届けてもらいました。大量の絵本がダンボールでどん！　と届いて、なかなかの光景でした。

大量の絵本が届いたあとは、それを並べる棚作りです。

絵本は、子どもが自由に手に取れなければ意味がありません。背の高い本棚に大事にしまいこんでいても意味がないのです。主人と二人で、二段だけの棚を作り、部屋にずらりと並べました。そしてすべての絵本を収め、読み聞かせのための環境を作っていきました。サイズも色もばらばらな絵本がたくさん並んでいる部屋は、見ていて楽しかったことを覚えています。

ちなみに、このときに作った棚には後で一つ工夫をしました。それは、一部の棚に色付きのテープを貼って、「図書館の絵本をしまうための棚」にしておいたことです。

たくさんの絵本を購入した我が家ですが、同時に、市の図書館にもずいぶんお世話になりました。毎週日曜に図書館へ行って、ひとり6冊、家族6人みんなで合計36冊の絵本を借りていました。

家にない絵本を読めるので、子どもたちは大喜び。「わーい！」と書棚に向かっていって、思い思いの絵本を選んできたのを覚えています。

ところが、一つ問題がありました。それは、図書館の本が自宅の棚に混ざると、探し出すのにとても大変だということです。

我が家にはすでに何百冊もの絵本が置いてあるわけですから、捜索するにもひと苦労。それで棚に色をつけ、混ざらないように工夫をしていました。

027

良い絵本を選ぶポイントは「絵」「キャラクター」「自然な展開」

「どういう絵本を選ぶのがいいですか？」という質問をしていただくことがよくあります。すでにお話しした通り、私自身も本屋さんで戸惑ってしまいました。そのくらい絵本は種類が多く、迷ってしまう方も多いのでしょう。

くもんの絵本を200冊取り寄せたあとは、ひたすらそれを読み続けました。くもんが選んでくれている絵本ですから、どれもいい絵本ばかりのはずです。

しばらくすると、だんだん「目が肥えてくる」のを感じました。やはり大御所の絵本はハズレがありません。シリーズものはどんどんそろえていって、ずいぶん本棚が充実しました。

最近の絵本については、絵本の出版社などが発行している雑誌を定期購読していました。そういった雑誌では、新しい絵本の中から、いい作品が紹介されています。「目利き」になるまでは、そういったガイドブックを頼ってみるのも手ではないかと思います。

さて、肝心の中身ですが、私個人の意見としては、「キャラクターがはっきりしている」「物語の流れが自然である」ことが大事なのではないかと思います。

キャラクターがはっきりしていると、子どもたちが話の内容を理解しやすくなります。展開についても同じ。どう考えてもそうはならないだろう、というシーンで、不自然に相手を助けるような展開があると、「なんで？」と思ってしまいます。いい話にしようとして、無理な展開になってしまっているわけです。そうではなく、自然に子どもが納得できるようなストーリー展開のものがいいのではないでしょうか。

それから、文章のリズムも意外と大事な要素です。きれいな日本語で、読んでいてリズム感のあるようなもの。リズム感のない、だらだらとした文章が書いてある絵本は、読み聞かせをしても子どもからの受けが悪かった記憶があります。できれば文字の大きさ・フォントなども読みやすいものがいいでしょう。

文字のないもので言えば、安野光雅さんの『旅の絵本』も買いました。安野さんの作品はとにかく絵が緻密なので、子どもたちとずいぶん楽しませていただきました。ときにはこういう「字のない絵本」を買ってみるのもいいかもしれません。

028

童謡で昔に思いを馳せる。目標は絵本と同じ「1万曲」

子どもの頃に歌った歌ほど、大人になっても記憶に残り続けるものはありません。

我が家では、絵本と同じく童謡も「(のべ)1万曲」歌うことにしていました。

子どもがまだ小さい頃だったでしょうか。音楽の授業から古典的な童謡が減り、最近のポップスを入れるような動きがありました。

なるほど、そのほうが子どもたちも親しみやすいですし、ポップスの中にもよい曲はたくさんあるでしょう。でも、せっかく何十年も残ってきた曲があるのだから、古典的な曲を減らすことはないのに……と残念に思いました。

童謡の歌詞には、「鍛冶屋」「焚き火」など、現代の生活ではあまり使わない言葉も含まれています。でも、だからこそ、歌いながら風景を想像したり、日本の伝統に思いを巡らすこともできるわけです。童謡はポップスとは違い、学校の授業でしか聞かない、歌わないという人もたくさんいます。それなのに教科書からも消してしまったら、どこで触れればいいのでしょうか？　私は、その方針に大きな疑問を抱きました。「それなら家で歌おう！」と考え、「のべ1万曲」という目標を立てたのです。

私はとりあえず『日本の童謡１００選』というようなカセットテープを買ってきました。それからくもんも童謡のテープを出していたので、こちらも入手。ずっと流し続けました。歌詞カードを見て歌詞を覚え、1日10曲歌います。私が料理をしている間などは、主人が代わりに歌ってくれていました。あまり正確に音程を覚えていないらしく、半音ズレていることもしょっちゅうだったのですが……。

歌ってみてわかったのですが、童謡の素晴らしいところは、語彙の豊富さだけではありません。単語のアクセントが正確なのです。日本語にはアクセントがあり、「はし」と言っても「端」「橋」「箸」とあるわけですが、これがきちんと音程に合っている。童謡を歌うことによって、日本語の正しいアクセントも覚えられるわけですから、これも教育によかったなと感じています。

図05 絵本と童謡の選び方

1. まず1万冊（1万曲）読む（聞く）ことを決める

2. ただし「のべ」でOK

3. **絵本**

   「絵」「キャラクター」「自然な展開」で選ぶ

   童謡

   きれいな日本語が使われた曲を選ぶ

029

最優先は「子どもの命」

長女が高校2年生の頃です。2月に1週間ほど体調を崩すことがありました。インフルエンザかと思いましたが、熱のほうはあまり出ません。それでも悪寒がしてつらいというので、首をかしげながらも看病を続けました。

その後、一応は回復したので「よかったね」と安心しあっていたのですが、その翌月のこと、長女はまた体調を崩して、今度は2週間ほど寝込んでしまいました。

「何かがおかしいな、気味が悪いな」と思っていたら、首のところにコリッとしたものがあるのです。「ここ、腫れてない？」と不安な気持ちになったところで、学校は春休みに突入。いったん、症状が落ち着いたかと思えば、またもや4月の始業式に再発。「さすがにこれはおかしい！」と思い、大きな病院へ連れて行きました。

診察を受けたあと、初めは薬で様子を見ることになりました。薬を処方され、飲んでみると、確かに症状が落ち着くのです。でも、薬が切れた途端に悪寒が再発してしまう。血液検査を受けさせると、肝臓の数値が通常の100倍くらいに跳ね上がっていました。「ケタが違う！」と怯えていると、先生は「切りますか」と。首を何センチか切開してしこりを取り、検査に回すかどうかをたずねられたのでした。

切開をすれば、すぐに原因がわかって楽になるかもしれない。けれども、先生が「切りますか」とおっしゃったのは首なのです。そんな大事なところを切るなんて、おいそれと決断できるものではありません。長女と二人で悩みましたが、とりあえずは薬で様子を見る方法をとり、継続的に検査を受けさせました。

すると、少しずつではありますが数値が下がってきたのです。結局、そのまま数値は正常に戻り、全快することができました。ほとんど丸々1ヶ月ほど学校へは行けませんでしたが、娘が生きていてくれて、本当によかったと思わされる経験でした。

休んでいた1ヶ月の間は、勉強なんてまったくできない状態でした。けれども、それに何の問題があるでしょうか。

どんなときでも、一番大事なのは子どもの命です。

長女より

私の受験人生で間違いなく最もつらかった出来事です。母のおかげで大分気が楽になりました。

長女自身は焦った様子で、薬で症状が落ち着いている間に、宿題をしようとしていました。でも、それで治りが遅くなっては何の意味もないのです。「息してるだけという状態にならないと、病気はよくならないよ」と声をかけ、なるべく寝かせるようにしていました。本音として、命に比べれば受験なんてどうでもいいと思ったのです。私のそういう態度を見て、長女も「ママが焦っていないのなら、大丈夫」と安心したようです。

あそこで変に急かしていたら、取り返しのつかないことになっていたかもしれません。体を壊してしまったら、「息だけしていればいい」と思うくらいでちょうどいい。どんなときも、優先すべきは子どもの命なのですから。

030

勉強のスケジュールはママが考える。子どもの性格に合わせてはめ込む

私は、勉強のスケジュールは親が立ててもよいと思います。

もちろん、自分でスケジュールを管理できる子なら、任せておいて構いません。でも、もしも点数が悪いとしたら、それは計画がきちんと立てられていないわけです。それを手伝おうともしないで、結果だけを見て「どうしてやらないの！」と叱るくらいなら、はじめから親が手伝ってしまってもよいのではないかと思うのです。

我が家の場合、長男は自分で何もかも考えるタイプだったので、私があれこれ言うことはほとんどありませんでした。隙間時間も器用に使って着実に進めているのを見て、「任せておいても大丈夫」と感じたのです。

一方で次男は、テスト前でも新しいゲームをやっているほどで、「大丈夫なの？」

という感じ。それで少々うるさめに言い、テスト前だけは私がスケジュールを組むことにしました。三男はほとんど自分でできるタイプだったので、苦手な社会だけ私が担当。そして長女は、他の3人にあまり手がかからなくなったのもあり、すべて私が組み立てていました。

テストや受験勉強では、何をどれだけ勉強するのか、量があらかじめ決まっています。だからスケジュールを立てるときには「その内容をカバーするのに、どれくらいの時間がかかるか」を計算すればいいわけです。やる内容と、かかる時間を出し終えたら、今度は子どもの性格に合わせてはめ込んでいけばいいでしょう。

子どもの性格はいろいろですから、「食後すぐが、一番気持ちよく勉強できる」という子もいれば、「食後すぐは何だか眠いし、やる気が出ない」子もいるわけです。苦手な教科の勉強にしても、午前中にしたい子もいれば、寝る直前にやりたい子もいます。たとえば、社会が苦手だった次男は、「社会の勉強は午前中」と決めていました。苦手なものはさっさとやって、「心の荷物」を下ろしてしまおうという考えです。

スケジュールは、子どもの性格を見極めて、一番いい時間に設定すればいいのです。

図06　スケジュールの立て方

子どもの勉強スケジュールは
子どもの性格に合わせて親が立てる

例

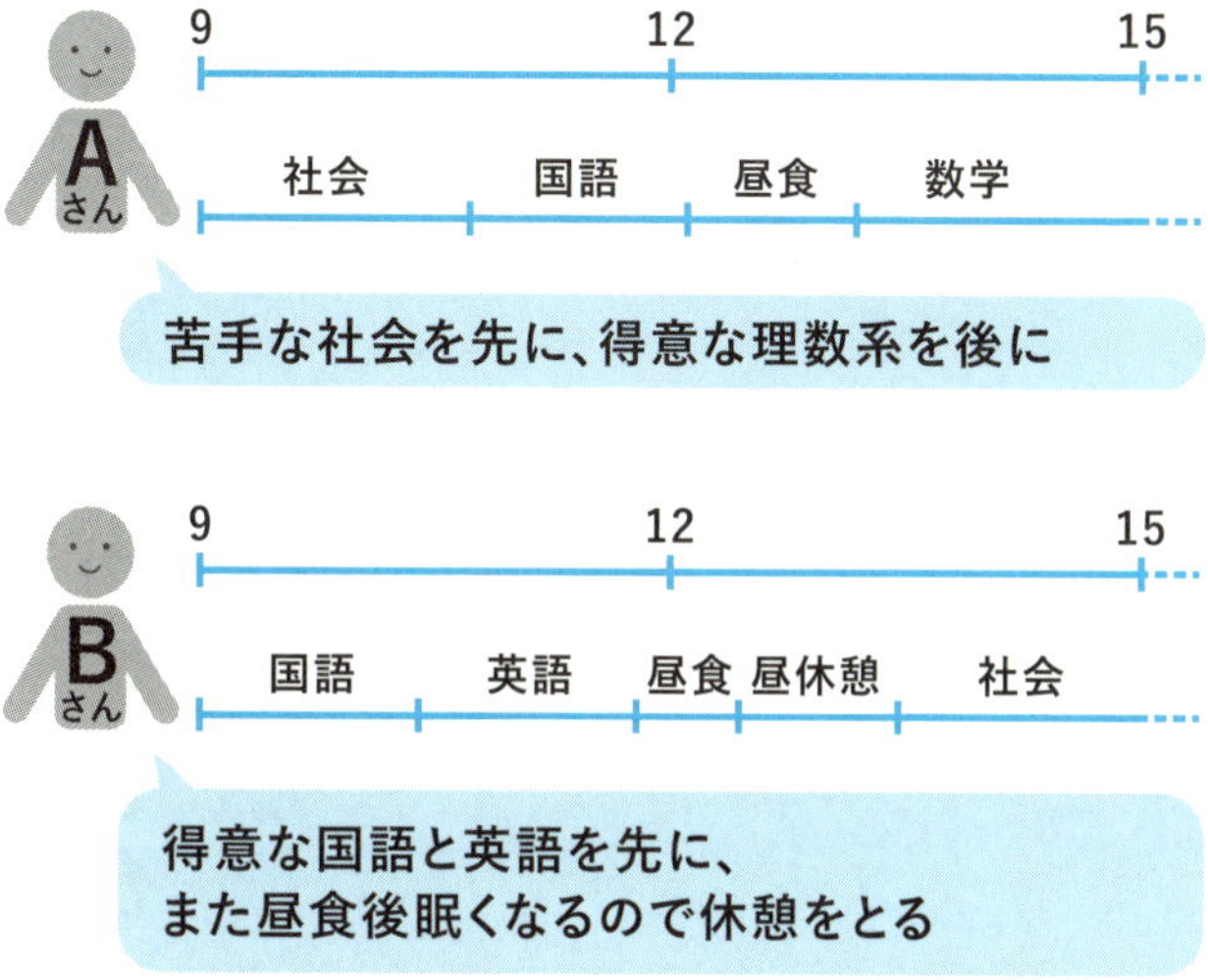

→ 子どもの性格に合わせることで
スムーズに勉強できる

031

持って生まれた体質を否定しない。無理のあるスケジュールは崩壊する

人間はロボットではありません。人によって体質も違いますし、性格だって違います。スケジュールを立てるときには、そのあたりの個人差もあらかじめ織り込んでおく必要があります。

典型的な例では、女性特有の体のリズムのことがあります。これはもう、どう頑張っても変えることはできませんから、上手に付き合っていくほかありません。

1週間も調子が悪いのは確かにつらいことですが、嘆いていてもどうしようもないのです。その週は軽めの予定に設定しておくなど、スケジュールのほうで対応していくしかないでしょう。

女性のリズム以外では、「食事のあとは体が動かない」とか「低血圧」とか、「冬は

長女より

うとうとしながら勉強していると、「起きなさい」ではなく「眠いときはちゃんと布団で寝なさい」と注意されました。

どうしても調子が出ない」というような人もいると聞きます。

我が家の場合、三男が「食べると眠くなる」体質でした。どうしても、昼食をとったあとは効率が落ちるわけですが、持って生まれた体質を変えるのは難しいでしょう。だったら無理やり我慢させるよりも、本人に合ったコンディションで頑張らせたほうがいい。それで、受験直前までは「寝たらいいじゃない？　ママが起こしてあげるから」というようなスタイルでやってきました。

自分の体質を否定して無理なスケジュールを立てると、どこかで必ずガタが来ます。

食事の後に眠くなるなら、すっきりするまで寝ればいい。冬に調子が出ないなら、夏にたくさん頑張ればいい。

持って生まれたものを否定するのではなく、予定のほうを調整して、自分が一番効率よく進められるスケジュールを立てればいいだけのことなのです。

032

睡眠時間は削らない。起きている時間の効率を高める

「睡眠時間を削って頑張る」という方法は、生物的に無理があるだけでなく、起きている時間の効率すら下げてしまう方法だと思います。

生き物にとって、眠ることはとても大切な行為です。しっかり寝ていない状態では、本来の力を発揮することはできません。眠たい頭でだらだらと取り組み続けても、いい結果につながるはずがない。それだったら、起きている間の効率を上げて、睡眠を十分取れるようにするべきなのです。

気持ちよく過ごすための睡眠時間は、人によって違います。中学受験のときを思い出すと、我が家の場合、要領のよかった長男は11時ごろに寝ていました。次男は30分延びて11時半就寝。三男はたくさん過去問を解いたほうが安心するということになり、

12時半まで起きていました。終わった後は、歩いて布団に辿り着くことができず、部屋の入り口で行き倒れのように眠っていましたから、限界だったのでしょう。よく頑張ったと思います。

また、三男は大学受験のときには昼寝をするようになり、夜の睡眠を6時間にする代わりに、お昼に2時間、きっちり布団で眠るスタイルをとっていました。このスタイルは受験直前まで続き、昼寝をやめたのは本番2週間前のことです。このときに、2時間の昼寝を夜に回して8時間睡眠に変えました。

一方、長女はというと、こちらはとにかく寝ることが大好き。起こさないといつまでも眠り続けるので、「一体何時まで寝るつもりだろう？」と放っておいたことがあります。すると、なんと夕方の5時まで起きてこなかったのです。

本人も「いま何月何日？」と聞いてきたほどで、いくら「好きなだけ寝かせる」とはいっても、さすがにまずい状況でした。あまり寝すぎても、今度は夜寝つけないという問題もあったので、本人と話し合い、睡眠時間は「10時間」と決めたのです。

一度、気持ちよく過ごすための睡眠時間を決めたら、今度は逆算してスケジュールを立てていきます。

長女より

私は東大受験の二次試験前日も一日目の夜も爆睡していたので、さすがの母も少し心配していました。

何度も言っていることですが、何事も「だらだらやる」のが一番よくありません。「これが終わるまで」と曖昧な取り組み方をして、就寝時間がずるずる延びるのは最悪です。そうではなく、「午前0時に寝る」と決めたなら午前0時に終わるようなスケジュールを組む。たとえ一日、徹夜で頑張ったとしても、次の日の効率が下がっているのではまったく意味がないのですから。

いくら「よく寝るタイプ」といっても、永遠に眠り続けるわけではないでしょう。せいぜい1日12時間ほど寝るくらいのことだと思います。

たとえ12時間眠ったとしても、一日はまだ半分も残されている。だったら、その12時間を効率よく使えばいいのです。起きている時間の効率を上げれば、睡眠時間を削る必要はないのです。

図07 睡眠時間の考え方

1 寝る時間を決め、それまでに終わるようなスケジュールを組む

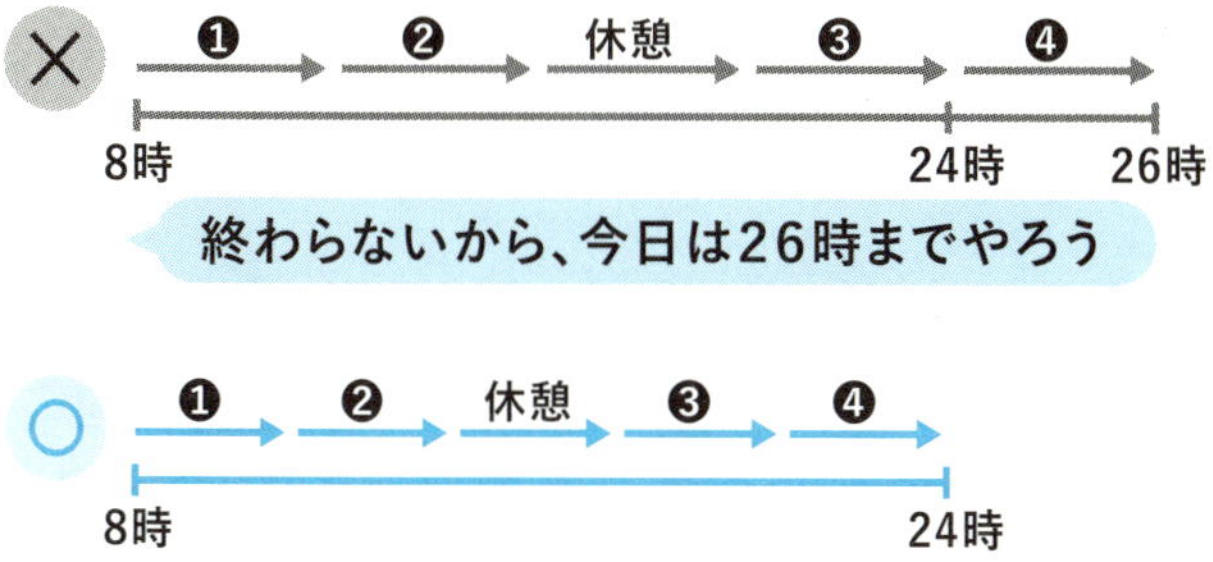

→ そもそも1日で終わるスケジュールを組む

2 寝る時間は決め付けない

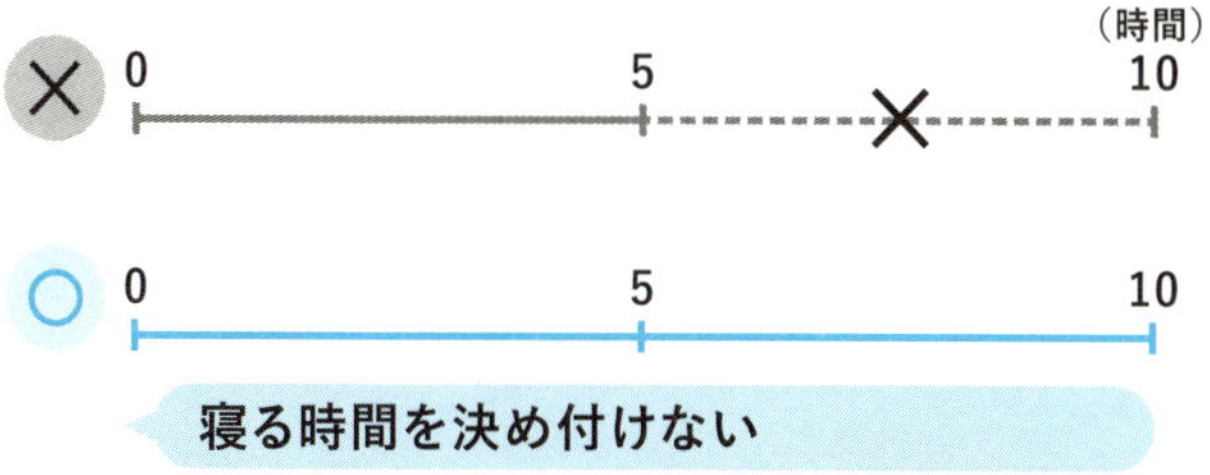

033

スケジュールは紙のノートで整理。話し合いながら試行錯誤を繰り返す

長女が大学受験の時期には、一日のスケジュールはすべて私が考えていました。

とはいっても、もちろん一方的に押し付けたわけではありません。私があらかじめ考えたスケジュールを「提案」するという形です。

当日の体調や長女の意見も考慮しながら、少しずつ細かい修正をくわえていき、最終的に「決まったパターン」に落とし込んでいきました。他の3人がすでに家を出ていたこともあり、長女のスケジュール管理には、比較的たっぷり時間をとることができたと思います。あとから見返せる「思い出の記録」にもしたいと思い、その日の天気や食べたものなども、いろいろと書き込んでおきました。

スケジュールを考えるときには、紙のノートを使いました。複雑な要因を、頭の中

だけで整理するのには無理があると思ったからです。

いったん一日のスケジュールを立てたら、それに沿って過ごしてみて、何か問題や気づきがあればその都度ノートに書き込んでいきます。たとえば長女の場合なら、「過去問の見直しを丁寧にやりすぎて、寝るのが遅くなる」という問題が発生しました。答えと見比べて、間違ったポイントさえわかれば見直し終了という他の3人とは違い、長女はすべてきれいに見直さなければ気が済まないタイプだったのです。

「寝ないでやる」なんて非現実的な努力ですし、長女はロングスリーパーだったので、見直しの時間を考慮してスケジュールに調整を入れました。お風呂に入る時間や食事の時間にも気を使い、気持ちよく取り組めるスケジュールを考えていったわけです。

修正があまりにも多い日には、ページの上から白い紙を貼って、新しく書き直したこともありました。試行錯誤は本当に大事。受験に限らず、大人のスケジュールについても、納得できるまで何度でも紙に書いて考えればいいと思います。

とはいえ我が家の場合では、あまりにも私が試行錯誤をしすぎたせいで、スケジュールのパターン定着が遅くなってしまった面もあるのですが。

034

一日のタスクは「壁に貼る」。「見える化」でモチベーションアップ

一日のタスクは、「壁に貼る」のがおすすめです。

長女が大学受験を迎える年のことでした。まだ一日のスケジュールが確定していなかった頃で、どれくらいのペースでこなしていけるかわからない。それで、やるべきことを一つずつ、Ａ４サイズの４分の１くらいの紙に書いて、壁に貼っていったのです。

最初はとりあえず、30枚くらい貼ったでしょうか。一つ終わったら、その内容が書いてある紙をはがしていきました。

すると、夕方くらいになっても半分くらい紙が残っています。毎日繰り返しているうちに、長女のペースがつかめてきました。それをもとに、今度はスケジュールを再

調整。やるべきこと・やったことを「見える化」した上で、試行錯誤を繰り返しながら、定型スケジュールを固めていったわけです。

「見える化」の影響は、言うまでもなく本人のやる気にも直結します。

人間は「量」が見えないと、やってもやっても終わりが来ないように感じてしまうのです。やった量が見えると、「お、今日は頑張ったな」などと思うことができます。そうすれば、次の日からもやる気が出るのです。

壁でなくとも、ノートに書いたり、スマホの機能で管理したりする人もいるでしょう。我が家でも、「ノートにやることを書いて、終わったあとは塗りつぶす」方法は活用していました。でもノートは開く手間がかかります。やはりはじめは、何が何でも目に入る場所に、でかでかと貼っておくほうがいいでしょう。

これは受験勉強に限らず、大人でも同じだと思います。習慣化したいことは、ともかく目につく場所に貼っておく。ぜひ活用してほしいと思います。

035

勉強は一種の「契約」。「時間」と「量」をはっきり伝える

「勉強しなさい！」と親が言うと、「今やろうと思ってたのに……」と返す子ども。よくあることだと思います。

子どものほうも、「勉強しなくちゃいけないなあ」と思ってはいるのです。思ってはいるのだけれど、目の前の遊びが面白くてスタートできない。お母さんのほうも、「いつ声をかけようかな」とタイミングをうかがっている。お互いに、そういう探り合いをしているわけです。それって、やっぱりよくないことですよね。

私はそういうシーンを見ながら、「どうせやらなくちゃいけないことなら、スケジュールをはっきりさせよう」と決めました。

一日のはじめに、その日のスケジュールをはっきり子どもに伝えておきます。

たとえばお母さんの都合に合わせて、「今日は夕方の5時から30分で、くもんのプリントを10枚やろうね」と伝えておく。そうすれば、子どもは5時まで思いっきり遊ぶことができますよね。「いつお母さんに怒られるかな」とハラハラしながら遊ばなくてもいいわけです。

ただプリントを渡して「やりなさいよ」と言うだけでは、子どもはずっとプリントの存在を頭の片隅で気にしながら一日を過ごすことになるわけで、他のことが熱心にできなくなります。それは一番よくないこと。スケジュールを明確に伝えることで、子どもの気持ちをラクにしてあげられるのです。

スケジュールを伝えるときには、「時間」と「量」をはっきりさせることが大事です。時間に関しては、「始め」と同じく「終わり」も大事。「5時からやろうね」と言うだけでは、「いつまでやればいいの？」と子どもが不安になってしまいます。

量に関しても、何をどのくらいやるのか決めて、きちんとクリアに伝えておく。「プリントをやる」ではなくて、「プリントを10枚やる」と決めておくわけです。

そしてお互いに、決めたことは守りましょう。はじめに「30分でプリントを10枚」と決めたら、たとえ10分で終わっても、それでその日はキッパリおしまい。

勉強も一種の「契約」です。「時間が余ったからもう少しやりなさい」というのは、契約違反です。そうではなくて、「すごいね！　遊ぶ時間が増えたね」と言って気持ちよく終われれば、子どもは次の日もちゃんと勉強に取り組んでくれるはず。親子の間で、裏切ったり、裏切られたりしていては、毎日の勉強は続きません。

また、時間と量を決めるときには、課題の内容をきちんと把握して、その量に見合った時間を設定することも大切です。

5分オーバーするくらいなら仕方がないのですが、そもそも時間の設定を間違えていて、予定の量がどうしても終わらないときもあります。そういうときは、途中で切って翌日に回します。だいたい10分オーバーくらいの時点で、「ごめんごめん、これは30分では無理だね」と言ってストップするわけです。

勉強は毎日のことですから、ともかく子どもとの信頼関係が大事。言うまでもなく、「本当は1時間かかるけれど、30分と伝えておこう」なんてずるいことをしてはダメ。ママが裏切ると、次の日からの勉強がイヤになってしまいます。スケジュールを決めてめりはりをつけるというのが、大人でも子どもでも、大事なことだと思います。

図08　時間と量をはっきり伝える

✕ なんとなくやらせる

今日はやれる
ところまで、
やろう
えー、どれだけ
やればいいん
だろう……

✕ 約束を守らない

終わった?
じゃあ、あと
20問やろう!
えー、せっかく
早く終わった
のに……

○ 時間と量を決める

今日は
この20問を
1時間で
解こう
わかった!

036

起きられないのは「寝ていない」から。睡眠時間を奪うアイテムは徹底的に排除

「子どもが朝、起きられない」という相談をよく受けます。けれども、考え方を少し変えてほしいのです。それは「朝、起きられない」のではなくて、「夜、十分寝ていない」のではないでしょうか?

朝、気持ちよく目覚めようと思ったら、夜に十分な睡眠時間を確保していなければなりません。子どもの体質を見ながら「何時には寝ようね」と決めたら、それを絶対に守ること。宿題や習い事の練習など、するべきこと・かかる時間を逆算して、何があってもその時間には寝られるようにしてください。もちろん、夜更かしなんてもってのほかです。

今の子どもたちは、テレビ、ゲーム、インターネットなど、いくらでも時間を奪っ

長女より

スマホはよくないですね。若い世代になればなるほど注意が必要です。中学生はガラケーで十分な気がします。

ていく娯楽に取り囲まれています。誘惑に負けてだらだらと時間を過ごしてしまった結果、睡眠時間が足りなくなり、次の日の朝が起きられない。それが、「朝、起きられない」の正体ではないかと思うのです。

こうした誘惑から子どもを遠ざけるには、とにかく導線を長くしてしまうことです。

たとえばテレビであれば、布でテレビカバーを作って、簡単には外せないように、たくさん蝶結びをしておく。人間、意外と面倒くさがりな生き物で、蝶結びが5つあるだけで「もう、いいか」となってしまうものです。とにかく、娯楽にアプローチするためのハードルは高くしておくというのがコツではないでしょうか。

ただその場合、厄介なのは携帯電話です。テレビであればそもそも置かない、カバーを厳重にしておくといった対策が考えられますが、今の時代、携帯電話を持たせないというのもまた難しい話です。けれども、絶対に放任ではいけません。

スマホもゲーム機も誘惑の強いアイテムです。あらかじめ決めた時間が来たら強制的に取り上げるなど、親が責任を持って管理する必要があるでしょう。子どもの睡眠を守るためなら、多少強引な手段であっても、強制的に引き離す必要があるのです。

勉強道具やツール

037-048

037

授業中は「ペン先を出して置く」

小学生くらいの女の子に顕著ですが、色とりどりのペンを使ってノートを作ろうとする子がいます。筆箱の中はファンシーなペンでいっぱいで、確かに見た目は綺麗です。でも、その努力は果たして必要なのでしょうか?

学校でも塾でも、授業はどんどん進みます。ちょっとでもぼんやりしていると、「あれっ、何の話だっけ?」とわからなくなってしまうほどです。そんな授業中に、カラーペンできれいに書こうとして、先生の話を聞いていなかったら……。当然、授業の理解度は下がるだろうと思うのです。

ノートをとるときに大事なのは、見栄えではなく「理解しながらとること」です。

授業の内容を理解するためには、きちんと話に集中して、置いていかれないように

長女より

「乾いてインク出なくならない？」と聞かれたことがありますが、そんなことはそうそうありません。

しなければなりません。そう考えると、見栄えばかりを重視した「大量のカラーペン」なんてものは必要ないはずです。

これは極端な例かもしれませんが、長女は授業中、ボールペンの先を「出したまま」にして授業を受けていました。長女に言わせれば、ペン先を「カチッ」と出す時間すら惜しいのだそうです。授業はどんどん進みますから、色を変えるたびに「カチッ」とやっていては追いつけない。それで、ペン先を出したままにして机に置き、不必要な時間を取られないようにしていたのだと言います。

徹底したやり方にはさすがに驚かされますが、それだけ「授業ノートをとるスピード」を大事にしていたのだと言えるでしょう。

カラーペン以外にも、ノートをとるスピードが遅くなる原因はたくさんあります。具体的には、「筆圧」や「字の大きさ」などがあるでしょうか。強すぎる筆圧では、ノートを素早くとることが難しくなります。大きすぎる字も同じです。

もしも悪い癖がついてしまっているのなら、先生の話に間に合うような筆圧・字の大きさで書けるようにトレーニングしなければならないと思います。

038

家の時計は20分早める。「はじめの遅刻」をさせない工夫

我が家では、家の時計を20分早めていました。

これは、徹底的に遅刻を防ぐためです。時計を20分早めておけば、たとえ1本、2本電車を逃したとしても、遅れずに目的地まで着くことができます。

私は何事も「万全の準備をしておく」ことが大事だと思っていますから、わざわざ時計も早めておいたというわけです。おかげで我が家の子どもたちは、電車で寝過ごさない限り遅刻することはありませんでした。

「遅刻をする」というのは、相手を待たせるということ。いわば相手の時間を奪う、許されない行為です。

その上、人は一度でも一線を越えると、ずるずる続けてしまいます。一度遅刻して

長女より　小学校のとき、家の時計で２時に出たのに塾に着いたのも２時ということも……（笑）。

しまい、相手から「いいよ、いいよ」と許してもらえると、２度目の遅刻をするのはもっと簡単でしょう。電車にしても同じことで、「この電車に乗る」と決めているのに、ある日は1本遅れてしまい、それでもなんとか間に合った。そんな経験をしてしまうと、次からは1本遅い電車に乗るのが普通になるのではないでしょうか。

時間だけでなく、期限についても同じことが言えます。

一度も期日を超過したことがなければ、「絶対に期日内に仕上げよう」と考えてスケジュールを立てるでしょう。期日から逆算して、いつまでに何をすればいいかを真面目に考えるはずなのです。でも、もし期日を超過するのが当たり前になっていたら……もとより間に合わせる気がないわけですから、準備もまともにしないでしょう。

これは受験でもそう。受ける前から「一浪してもいいか」などと考えていては、真面目に取り組まなくなります。必ず一度目で受かろうと思えば、それなりの準備をするはずなのです。

時間や期日に間に合わないのは、計画性のなさの表れです。はじめの一線を越えないように、徹底的に気をつける必要があるのです。

039

タイマーで時間を「体感」させる

我が家では、「常に時間を意識してほしい」という考えから、常にタイマーを活用していました。

たとえば宿題のプリントを「30分でやってね」と伝え、タイマーと一緒に渡すのです。最初だけは、子どももペースがわからないので、だらだらとマイペースでやるでしょう。

でも、ピピピとタイマーが鳴ったとき、半分しか終わっていなかったら「これではダメなんだ」と気づくはずです。タイマーを活用することで、「だらだら取り組む」ことがなくなり、時間の感覚を身につけることができるのです。

受験では、限られた時間内に答案用紙を仕上げなければいけません。たとえば東大の数学なら、理系の場合150分で6問解く必要があります。大きな解答用紙に、どのくらいの文字の大きさで、どのくらいの筆圧で、どのくらいのスピードで文字を書けばいいのか。そういう感覚は、きちんと時間を計ることでしか体得できないのです。とはいっても、むやみやたらに焦らせても仕方がありません。本当は1時間かかるのに、30分でやれというのはとうてい無理な話です。

目標時間は、「少しだけ焦る」ように設定するのがコツ。「32分かかる問題を30分でやる」程度に設定しておけばいいでしょう。宿題の場合、時間がかかる内容ならばいくつかにわけて「それぞれを30分でやる」ようにすればいいと思います。

余談ですが、我が家の冷蔵庫にはとにかくたくさんのタイマーが貼り付けてありました。時間を意識してほしいとはいっても、同じ形のものばかり見るとイヤになってしまいますよね。ニンジンやナス、ピーマンなど、かわいい形のものをそろえて、子どもが気分で選べるようにしていました。

同じことをするにしても、ちょっとした遊び心を持つことが大切だと思います。

0 4 0

カレンダーは2ヶ月分貼る。何事も「準備万端」の気持ちで

カレンダーというのは、よく考えると「不用心なツール」です。

カレンダーをめくるのは、1ヶ月の予定がすべて終わったあと。でも、もし次の月の「3日」にテストの予定が入っていたらどうでしょうか？　カレンダーをめくって、「あと3日しかない！」と気づくような事態も起こりうるのではないでしょうか。

それではやはり不用心。**そこで我が家では、カレンダーを2ヶ月分並べて貼っておきました。こうすることで、来月までの予定が一目で見渡せるからです。**

他のカレンダーとしては、月めくりタイプ以外にも、日めくりタイプを併用した時期もありました。長男が中学受験をする時期に実家から母が送ってくれたので、せっかくだからと日めくりも使ってみたのです。

図09　佐藤家の時間感覚の磨き方

時計

家の時計は1つを除き
20分早める

タイマー

勉強するときには常に
タイマーを使用する

カレンダー

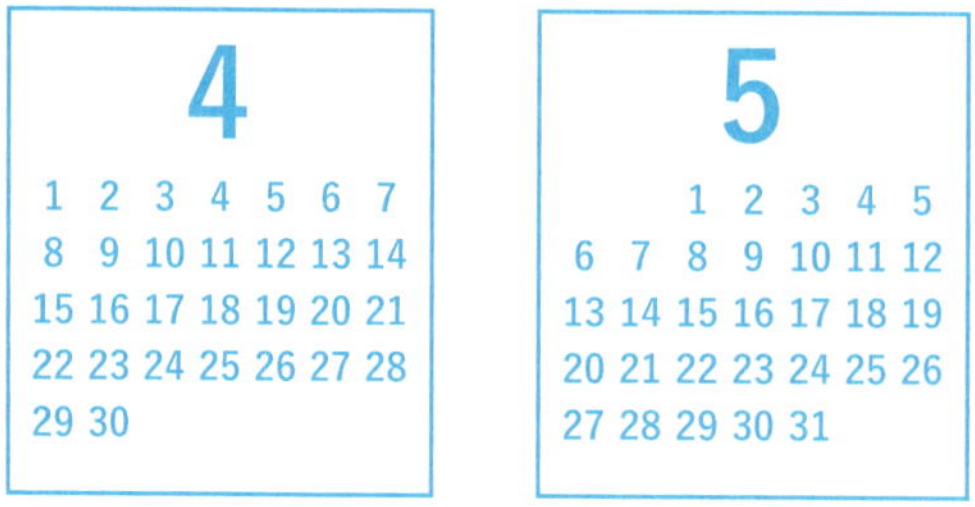

カレンダーは2ヶ月分貼る

普段は私が面倒くさがりなのもあり、めくり忘れて意味がなくなってしまうのですが、受験直前は一日一日が緊張の連続。願書を送ったり受験料を振り込んだり、ミスのできないイベントがいくつも続き、忘れはしないかと緊張でドキドキするのです。

そこで日めくりに「振込の日まであと○日！」と赤ペンで書き込み、毎日めくって確認しながら過ごしました。重要なイベントが連続する時期であれば、月めくりとあわせて、日めくりタイプを使うのもいいかもしれません。

それから、最近ではスマホのカレンダーツールを使う人もいるかもしれません。便利な機能もたくさんあり、私も活用しています。でも私は、スマホはやはり大人向けのツールではないかと思います。常に故障や電池切れのリスクがありますし、一見便利なリマインダー機能も、設定したタイミングにしか通知してくれません。

やはり子どもに予定を意識させるには、単純な紙のカレンダーが一番いいのではないかと思うのです。

受験に限らず、人生において大切なのは「準備万端で臨むこと」です。いろいろな道具を使いながら、先の予定を意識して備える気持ちがとても大事なのです。

041

読書に興味を持たせる方法。「いいところ」で切れる国語の問題

最近は、「読書なんてしなくてもいい」という意見があると聞きます。でも、私はその意見には反対です。なぜかというと、読書をしていると「知識が得られる」だけではなく、「自分の考えを深める体験ができる」と思うからです。

本を読むというのは、ただ書いてあることをのみ込む行為ではありません。作者の意見に「その通り」「いや、違う」などと突っ込みながら、自分の思索を深めていく行為だと思うのです。マンガの吹き出しのように、断片化された情報を取り入れるだけでは、こういった体験はなかなかできないでしょう。

くわえて読書には、教養として、武器としての側面もあります。

本を読まず、持っている知識が少ない状態でなにかを述べてみたとしても、「この

本にはこう書いてあるけど、矛盾しない？　どうなの？」などと反論されてしまうかもしれません。

本を読めば、一つの事実に関してもさまざまな立場があることなどがわかります。それに、誰もが知っている古典を知らなければ、話に参加することもできず、恥をかくかもしれないでしょう。議論の基礎、武器としても、読書は必要になってくると思うのです。

それで私はことあるごとに「読書は大事だよ」と言い続けていたのですが……残念ながら、あまり効果はありませんでした。ただし、そんな子どもたちでも興味を持つ文章がありました。それは、国語の問題文です。

国語の問題文というのは、結構おもしろいところで切れているものです。

私の記憶に残っているのは、ある女性ジャーナリストの話。シングルマザーで子どももまだ小さいのですが、そんなとき、彼女のお母さんがアルツハイマーになってしまうのです。そのアルツハイマーは遺伝子に原因があると言われています。それはつまり、彼女もアルツハイマーになる可能性があるということ。

どんどん症状がひどくなる母を前に、彼女は遺伝子検査を受けることを決意し、検

長女より

中学受験の国語の問題では重松清さんの文章がよく出てくるので、受験後、重松さんの本をよく読みました。

査室のドアを開けた……と、文章はなんと、ここで終わっていたのです。

子どもたちも私も、続きが気になって仕方がありませんでした。「どうなったの!?」と大騒ぎして、インターネットで元の文章を調べました。誰よりも私自身が気になっていたので、結局私が一番に読んでしまったのですが、かなり盛り上がったのを覚えています。

読書に興味を持たせるきっかけとしては、国語の問題を活用するのもいいかもしれません。

042

古典・歴史はマンガで話を把握する。ヤマが当たった『源氏物語』

『源氏物語』といえば、読解が難しいことで有名です。ルールというわけではありませんが、センター試験も東大も、『源氏物語』だけは出題されないことが続いてきました。

一方で、長女が東大受験をする直近のセンター試験の試験問題を見てみると、江戸時代の擬古文などが出題されるようになってきていました。

擬古文も確かに古典作品ではありますが、平安・鎌倉あたりの作品とはずいぶん雰囲気が違っています。子どもたちと「もう、ネタも尽きちゃったんじゃない？　そろそろ『源氏』も出るかもよ」などと言っていたら、三男が受けた後の年に、センター試験についに『源氏物語』が出題されたのです。

センター試験に『源氏物語』が出たということは、同じくネタが尽きていそうな東大の試験にも『源氏物語』が出題されるかもしれない。『源氏物語』は巻数も多く、人間関係や時代背景も非常に複雑な作品です。これは何か対策しておいたほうがいいな……ということで、私が選んだのは「マンガつきの解説書」でした。

『源氏物語』に関するマンガはいろいろと出ています。でも、お話自体がちょっと色っぽいこともあり、あまり勉強には適さないものもありました。

私は本屋で『源氏物語』のマンガをいろいろと見て、マンガが面白く、説明も詳しそうな一冊を選びました。それを長女に渡して、「読んでみたら？」と言ってはみたのですが、古文が苦手なこともあって、しばらく手つかずで放置されていました。

長女がそれを読んだのは、体調を崩して学校へ行けなくなっていた、高校3年の4月ごろのことでした。

なにせ、学校へも塾へも行けず、1ヶ月も寝込んでいましたから、本人もよほど暇だったのでしょう。買っておいたマンガをぱらぱらめくり始めたかと思うと、気づけば熱心に読んでいるのです。

光源氏をめぐるさまざまな女性、不義の子、朝廷での人間関係……。「こういう話だったんだ」と二人で盛り上がったのですが、なんと私のヤマは的中！　その年の東大の試験に『源氏物語』が出題されたのです！

長女は「マンガを読まなくても解けたけどね」とは言っていましたが、だいたいのストーリーを知っているだけで解きやすくなる問題も、古典にはきっとあるでしょう。

ときにはマンガ教材を取り入れて楽しく勉強するのもアリだと思います。

043

科学グッズは「買うだけ」では無意味。まずは親が興味を持つ

望遠鏡や顕微鏡、しゃべる地球儀……など、子どもに興味を持たせるための教材はいろいろとあります。こういう教材は、上手に使えば子どもの好奇心を刺激し、物事を考えるきっかけになってくれるのですが、決して「成績が伸びる魔法の道具」ではありません。ただ買い与えるだけではだめで、「親も一緒に興味を持つ」ことが欠かせないと思うのです。

日食があったときのことです。長男・次男はすでに大学生で東京にいて、家にいたのは三男と長女だけでした。日食といえば、数十年に一回しか見られない貴重な現象です。それで、先生方には申し訳ないですが、二人には学校を欠席させて一緒に観察したのです。太陽を直接見てはいけないので、少し値は張りましたが、きちんとした

偏光グラスも用意しました。東京にいる二人にまで偏光グラスを送って、「欠けていってる！」「きれい！」などと大騒ぎしたのでした。

他にも、くもんの「おまけ」でいただいた顕微鏡で盛り上がったこともあります。蚊を捕まえて顕微鏡で見てみると、そこには目一杯に拡大された蚊が！　全員で「きゃー！」と騒いだ思い出がありますが、とても楽しい時間でした。

自然に親しむ体験は、かけがえのないものです。でもやはり、そこには親のコミットメントが欠かせません。

たとえば星を見ようと思ったら、夜に外出する必要があります。住宅地の空は明るすぎて、きれいに見えないことも多いですから、どうしても親が付き添って少し遠くへ連れていく必要が出てくると思います。流星群の情報なども、はじめは親が仕入れてくることが多いでしょう。

私はそこまで星に詳しくはなかったのですが、我が家の場合は主人が詳しかったので、わざわざ電話をかけて知らせてくれることもありました。

せっかく教材を手に入れても、ただ放ったらかしにしているだけでは、子どもが触れるきっかけにはなってくれません。親がどうしても興味を持てないジャンルであれば、クイズ機能がついているなど、子どもが一人で楽しめるような仕掛けの教材を選んでもいいと思います。

ともかく教材は、「置いてあるだけではだめ」なのです。

044

スマホは「巾着袋に入れて預かる」。必須のツールだからこそルールが必要

スマホは便利なツールです。でも、だからこそ「付き合い方」をよく考えなければいけません。

長男・次男・三男の時代には、ここまでスマホは普及していませんでした。しかし長女の時代になると、スマホやSNSがなければ、「明日の試合がどこであるのか」すらわからなくなってしまいました。スマホを子どもに与えない、まったく使わせないというのは、もはや難しい時代になってきたと言えるでしょう。スマホがあることで得られるメリットが、デメリットを上回ってきたのです。

スマホで注意しなければならないポイントといえば、「勉強時間が奪われること」「アダルトコンテンツ」「高額課金」でしょうか。

勉強時間に関して言えば、我が家では「帰宅後は電源を切って預かる」ルールにしていました。中の見えない巾着袋に入れた状態で、キッチンに吊るしておくのです。勉強中、調べ物をする必要が出てきたときには、私のスマホを使わせていました。友達からの連絡などは寝る前などに返していたようで、長女の場合は、このルールでうまくいったと思います。

アダルトコンテンツについては、「子どもが健全に成長するためには、多少そういったコンテンツに触れておくことも必要だ」という考えの人もいるようです。

しかし私は、昔と今では子どもの目に触れるコンテンツの質が変わっているように思います。今のインターネットには、かなり過激なコンテンツがごろごろしています。テレビで流れる「色っぽいシーン」とは比べ物にならないほどの内容が、子どもの目に触れる可能性があるのです。

そういった過激なコンテンツは、子どもどころか、親ですら驚く内容のこともあります。それが子どもの「健全な成長」に必要かどうか……正直なところ、私は疑問に思います。やはり何らかのフィルタリングは欠かせないと思うのです。

それから最後に「高額課金の危険性」。これも、スマホにはよくあるトラブルの一

長女より 受験直前期は電源を切って２週間ほど封印していました。

つです。

これについては、大げさな言い方になるかもしれませんが、「世の中の仕組み」をよくよく子どもに言い聞かせておくことが一番の防止策なのではないかと思います。

はじめから値段の決まっているゲームと、「課金」によって成り立つゲームがどのように違うのか、そして「課金」をさせるゲームがどのような仕組みで成り立っているのかを、子どもにしつこく言うわけです。

くわえて、高額課金のトラブルは「実際にあったこと」だと示すのも大事です。

私ははじめ、「子どもが何百万円もの課金をした」なんて、本当なのかな？　と疑っていました。

でも新聞を読んでみると、実際にそのようなトラブルが詳細に書いてある。具体的な数字も載っていて、私にとっては相当なショックでした。

自分の子どもが課金トラブルを起こさないためには、こういったニュースを交えた上で、「本当にあることなんだよ」と言ってきかせることが大事でしょう。

スマホは便利だからこそ、付き合い方のルールを決め、危険性を知らせておく必要があるのです。

045

価値観は常にアップデート。若いママ友ともフラットに付き合う

4人も子どもがいると、長子と末っ子ではそれなりに年齢が開きます。そうすると、「末っ子のママ」である私と、「今回が初めての出産」というママが、同じ学年のママ同士ということになり、かなり年齢が開くこともあります。年齢が違えば時代も変わり、価値観も変わる。私にも、それを感じる出来事がありました。

長女（末っ子）が幼稚園に通っていた頃でしょうか。「あとで電話するわね」と言ったら、若いママ友から「佐藤さん、今は電話なんて使わないわよ。メールよ」と教えてもらったのです。当時、スマートフォンはなく、いわゆる「ガラケー」しかありませんでした。「う」という文字を入力するにも、ボタンをポチポチポチと3回押さなければなりません。「そんなの、考えただけでまどろっこしい！」そう思って、メー

ル機能はほとんど使っていなかったのです。

私と同じ世代のママたちは、私と同じく、「メールなんてねえ」と敬遠していたように思います。けれども若いママから「メールでお願い」と言われ、半信半疑で使ってみたら……これがめちゃくちゃ便利なのです。なるほど、これが新しい時代なんだ！と思い、それからは私もメール機能を使うようになりました。

「子ども同士は同級生でも、ママの年は離れている」というケースはよくあります。そんなとき、世代の違うママに対していろいろと言いたくなる気持ちはわかります。

親の態度は子どもにそのまま引き継がれてしまいます。「若いママは……」と偏見の目で見たり、付き合いを避けたりしていると、子ども同士も仲良くしづらくなってしまいますし、子ども自身が偏見を持つようになるかもしれません。「大人の感覚を子どもに持ち込まない」というのは、絶対に気をつけるべきことです。

私は常に、自分の人生観や価値観をアップデートしていけるようにありたいと考えています。昔のノウハウが今では通用しなくなったり、新しく登場したものがとても便利だったりする。世代の違う人ともフラットに付き合い、よいものは取り込むというのは、ママ友との関係に限らず、大事なことだと思います。

046

「照明」の明るさはやる気を左右する

長女が大学受験に備えて勉強していた期間、気づいたことがあります。それは、**「人間、部屋が明るくないとやる気が出ないんだな」**ということです。

我が家には、天井に2つ照明をつけています。それが、長女が高校2年生の頃でしょうか、片方が調子が悪くなったのです。スイッチを入れてから20分くらいしないと明るくならないし、最後のほうは、スイッチをつけた2日目に（！）ようやく明るくなるという有様でした。

それでも、元からついていた照明もありましたし、生活はしていけます。電器屋さんを呼ぶのも面倒臭いし、そのままでいいかな……と放ったらかしにしていました。

すると驚くことに、長女も私も、なぜかやる気が出なくなってしまったのです。これまでは、起きてすぐにパッと取り掛かっていたものが、なかなか動く気が起きない。「なんだかだるいね、ちょっと食べながらゆっくりしようか」なんて様子で、調子が狂ってしまいました。

長女も私も、最初、その理由が照明にあるとはわかりませんでした。「どうしてこんなにだるいんだろう？」と、二人して首をかしげていたのです。それが、壊れた照明をいよいよ交換しようということになり、ＬＥＤの照明に換えたときのこと。朝のやる気の出方があまりにも違うので、驚いてしまいました。二人してついついダラッとしていたものが、起きてすぐにパパパッと行動できるようになったのです。

なかにはリラックスできるよう、間接照明などでおうちをゆるやかに明るくしているご家庭もあるでしょう。夫婦だけならそれでもいいのかもしれませんが、子どもが勉強できるようにしようと思ったら、間接照明なんて絶対にダメだと思いました。

6畳の部屋に10畳用の照明を使うくらいのつもりで、ともかく明るくしておくほうが絶対にいいと思うのです。私と長女がなかなか気づけなかったように、照明の明るさは意外と見落としがちなポイント。ぜひ一度チェックしてみてください。

047

過去問はバラバラに解いてもいい。本番と合わせるのは直前だけでOK

受験対策をするにあたって、過去問は重要な存在です。ただ、私が見た限りでは、その使い方を間違っている方が多いように思います。

過去問に対する間違った認識の代表例が、「本番と同じ順番で解かなければいけない」というもの。極端な例では、高校入試の過去問を解くのに、本番と同じく、1日かけて全教科を解いている方がいました。朝から夕方にかけて、数学、国語、英語、と解いていくらしいのですが、「子どもが疲れてしまい、最後の教科まで到達できない」というのが相談内容でした。

でも、それは当然の結果だと思うのです。入試のスケジュールはとてもハードです。本番当日は緊張していますから、乗り切るエネルギーが出るかもしれない。でも、練

長女より

東大二次は時間との勝負なので分単位で戦略を考え、それを試して修正するという試行錯誤が必要です。

習中にそこまでのパフォーマンスを出し続けることは不可能です。過去問は、先生方が知恵を振り絞り、練りに練った難問ぞろい。それを朝から晩まで、全教科やり続けるなんてもともと不可能なのです。

過去問は、志望校がどのような問題を出してくるのか、その傾向を研究するために使うものです。本番と同じようにやって、予想点数を確認したり、時間配分を決めたりするのは最後の最後でOK。それまではともかく量をこなすことが大事ですから、教科ごとにわけるのはもちろん、大問一つひとつにわけてもいい。東大の数学は大問が6つありましたから、我が家では2問ずつ解くようにしていたこともありました。そんなふうに小さくわけたって、寝るときにはもうフラフラ。「全教科、当日と同じスケジュールで」というのがいかに難しいか、わかっていただけると思います。

参考までにお話しすると、我が家の子どもたちが当日に備えた練習を始めたのは、入試の1ヶ月前からでした。このときにはタイマーではなく時計を使うようにし、時間配分もきっちり計算します。きょうだい同士で討論し、「大問1は13分で、大問2は15分で……」と配分を決めていました。普段はリラックスムードの子どもたちですが、このときばかりは緻密に計画を立てており、「さすがだな」と驚いたものです。

図10　過去問への考え方

過去問に対する考え方

× 本番と同じ順番で解かなくてはいけない

○ 志望校の傾向をつかむためのもの

↓

「教科ごと」「大問ごと」にわけるのはOK

ただし直前期には「当日と同じ時間&タイミング」で行う

048

激安ノートを大量ストック。ときには「色つきノート」で楽しく工夫

勉強をするために欠かせないアイテム、それがノートです。我が家の子どもたちが使っていたのは、小学校の頃からずっとトップバリュの10冊２９８円（当時）のノート。１冊あたりわずか30円弱というノートなのですが、それを常に１００冊ほどはストックして積んでいました。

子育てをしているとわかるのですが、ノートは意外と高いです。有名な学習ノートだと、１冊１５０円ほどします。子どもがページを無駄にしていると「もうちょっと大事に使ってよ」とも言いたくなってしまいます。でも、本当は気を使わずにばんばん書いてほしい。それで、見た限りで一番安かったノートをずっと買い続けています。

大学ノートですから、小学生向けのノートとは違い、１行の幅は大人向けに狭くなっ

ています。子どもたちは、行の太さは無視して、3行、4行とまたいで文字を書いていました。最近は罫線にドットが打ってあったり、いろいろな仕掛けがされているノートもありますが、だいたいのノートはきれいな記録を残すために使うのではありません。どんどん書いて覚えていくために使うのだから、安いもので充分。気兼ねなく使えるという点では、「激安ノート」が最高のチョイスだと思います。

一方で、ノートをかえてモチベーションを上げる方法もあります。たとえば同じ参考書を、何度も繰り返し解く場合。何度も何度も同じ問題を見るのは、どうしてもテンションが上がりません。そういうときには、「紙に色がついているノート」がおすすめ。紙自体がピンクだったり、ブルーだったりするノートを買っておいて、1周目は白、2周目はピンク、3周目はブルー……と色をかえるのです。

紙の色をかえることで、同じ問題を何度も解いている退屈さがまぎれますし、「もう3周目に入ったぞ」と、前進している手応えを感じることができます。「激安ノート」に比べればお金がかかるので、ここぞというときにしか使えない手ではありますが、これも一つの工夫でしょう。

しつけと声かけ

049-062

049

「結果」ではなく「過程」をほめる。

子どもが小さい間はとくに、「ほめる」ことが大事になると思います。

子どもをほめたからといって、突然何かがものすごくできるようにはならないでしょう。でも「ほめられなかったことによって頑張れなくなる子ども」はきっといるはずです。そうであれば、子どもをほめない理由はありません。

くわえて、子どもをほめようと思うと、親が自然とニコニコすることになるのです。「怒った顔でほめる」というのは、よほど器用でなければできないことでしょ?

小さな子どもは、下のほうから親の顔を見上げて過ごします。見上げたときに親がムスッとしていたら、子どもはどれだけ悲しい気持ちになるでしょうか。日々をニコニコ過ごすためにも、子どもをたくさんほめることは大事なのです。

子どもをほめるときには、「結果」だけでなく「過程」を見てあげることが大事です。

たとえば運動の場合なら、「逆上がりができるようになる」という結果だけを見ていたのでは、なかなかほめるタイミングが訪れません。そうではなく、たとえ逆上がりがまだできなくても、「何度もめげずに挑戦した」という過程を見て、そのときどきでほめてあげればいいのです。

ほめる内容は、どんなに小さなことでも構いません。「午前より午後のほうが頑張った」というだけでも、どんどんほめればいいと思います。子どもをよくよく観察して、どんなに小さなポイントでも見逃さないようにしてみましょう。

それでも「ほめるポイントがなかなか見つからない」という人は、子どもを他の子と比較してしまっていないか、理想を子どもに押し付けていないか、一度考えてみてください。

親は無意識の間に、子どもの成長に関する理想を持ってしまっていることがあります。たとえばすぐにおむつが取れるとか、たくさん歩くとか、縄跳びをマスターできるとか、そういった理想を勝手に抱いてしまうのです。

そして子どもがその通りに成長しないと、ほめる気持ちにならなくなる。「○○ちゃ

長女より　意外にも怒られた記憶は少なく、ほめられた記憶はたくさんあるような気がします。

んはもうできたのに、なんであなたはできないの？」という思考になってしまうわけです。これでは、ほめるポイントがなかなか見つからなくなってしまいます。

いくら育児書を読んでイメトレをしても、子どもが親の理想通りに成長してくれることはまずありません。何もかもが育児書の通りになる可能性は低いでしょう。

だからこそ、目の前の子どもをフラットに見て、ほめるポイントを探してあげることが必要になるわけです。子どもをよく観察して、小さなことでもほめてあげる。それが重要なのだと思います。

図11　結果ではなく過程をほめる

×
テストで90点をとれたのね。おめでとう
……
○
数列の問題ができるようになったね！
ありがとう！

結果だけでほめるとほめるタイミングが減ってしまう

050

子どもは絶対に叩かない！トイレトレーニングの時期から徹底を

私は、相手が自分の子どもであろうと、「叩く」というのは絶対に避けるべきことだと思っています。

考えてみると、「人間が人間を叩く」というのは相当なことです。よその子を叩くことなんてありえないでしょうし、仮に大人同士でそんなことがあれば、それは刑事事件です。「夫婦だから」という理由で暴力が認められないのと同じように、「自分の子どもだから」という理由でも、叩いていいわけがないと思います。

あるとき、トイレトレーニングの時期に、「なかなかトイレに行けなかったけれど、バチンとお尻を叩いたら、それから行けるようになった」という話を聞きました。

「ちょっとくらい叩いてでも、早くおむつを外したほうがいい」という考え方なのだと思います。でもこれは、裏を返せば「叩かれたことが本当に嫌だった(だから、トイレに行けるようになった)」のだと言えるのではないでしょうか。

いわば暴力が一種のトラウマになっていて、本当はまだおむつを外せない年齢なのに、無理やりトイレに行けるようになったとも考えられるのです。

子どもは暴力を振るわれても、相手は大人ですから、やり返すこともできません。フラストレーションは当然、自分より小さなものに向かうことになり、妹や弟を叩いたり、ものに当たったりしてしまいます。

そして親にも仕返しできる年齢になれば、最悪の場合、家庭内暴力という結果にもつながってしまうのではないでしょうか。

人間、一度でも「叩く」という一線を越えると、簡単にエスカレートしていくものだと思います。はじめこそ「軽く叩いた」程度でも、それが「殴り倒す」までに発展するのは、そう時間がかからないでしょう。だからこそ「叩かない」方針は、子どもが本当に小さな頃から徹底しなければいけません。

トイレトレーニングの段階から、絶対に叩かないようにしなければならないのです。

051

「言葉で解決する」ようにすれば子どもは泣かない

「叩かない」方針ともつながりますが、「言葉で解決する」ようにすると、子どもが必要以上に泣かなくなると思います。

小さな子どもが泣くときというのは、「痛かった、びっくりした」などの場合を除くと「要求が言葉で伝えられないので泣く」場合も多いと思うのです。

たとえばショッピングモールなどに行くと、自動販売機の前でウワーンと泣いてしまっている子を見かけます。お母さんはなんとか次の場所に連れて行こうと叩いたり引っ張ったりしているのですが、なかなか子どもは動かない。

とても大変な状況ですが、考えてみると、子どもがきちんと言葉で説明できさえすれば、こうはならないはずなのです。

子どもが自動販売機の前で、「お母さん、のどが渇いたから買って。飲んだらすぐトイレに行くから」などと説明できるのなら、泣く必要はないですし、お母さんも納得できます。「言葉で解決する」ことで、気持ちよくその場を過ごせるわけです。

言葉に関しては、今でも思い出すことがあります。

長男、次男、三男を車に乗せていたときのことです。後ろ座席から、「アバチャイ！アバチャイ！」という三男の声が聞こえてきました。一体何が起こっているのかと振り返ったら、三男の隣に座った次男が、三男のチャイルドシートのひもを、ビヨーン、バチッと引っ張って遊んでいるのです。

三男はそのとき、まだ歩けない赤ちゃんでした。言葉にしても、バブバブとしか言えない時期だったはずです。それでもなんとか「やめてくれ」と伝えようとして、ろれつが回らず「アバチャイ！（やめなさい）」になってしまっていたのでしょう。

小さな赤ちゃんでも、教えさえすれば言葉で解決するのだなと思って、今でも記憶に残っています。そうやっていたずらしていた次男も、今度は長女に帽子のひもをバチン！とされて、自分が泣かされていたのですが。

052

「きょうだい平等」を徹底させる

佐藤家の原則は、「きょうだい平等」です。

私がこんなにも強く考えるようになったのは、私自身が子どもだったときの「ある事件」がきっかけでした。

私には5つ年下の弟がいます。その事件が起こったのは、たしか私が8歳頃、弟が3歳頃だったときでしょうか。

実家の母が、「こんなのいただいたよ」と新製品のヨーグルト飲料を見せてくれたのです。今と違って、乳酸菌飲料がそこまでメジャーではなかった時代の話です。見たこともない美味しそうな飲料を、当然私も欲しくなったわけなのですが、母は「ハイッ！」とそれをためらいもなく弟にあげてしまったのです。「え？　私もほしかったのに……」と思いました。そのときに感じた不条理、悔しい気持ちも、そのときの映像も未だに脳裏にはっきりと思い出せます。

考えてみればみるほど、食べ物でもなんでも、「お姉ちゃんだから」「お兄ちゃんだから」といって我慢させることほど不条理なことはありません。

たとえば、兄が8歳、弟3歳のとき、兄は「我慢しなさい」と言われます。5年後、兄が13歳、弟が8歳になっても、やはり我慢させられるのは兄です。5年前、8歳のときに我慢させられた兄は、5年後同じ8歳になった弟は何の我慢もさせられずに、やはり我慢をしいられるのは自分だと思うと納得できないでしょう。

たとえ下の子が成長しても、我慢するのはずっと上の子。死ぬまでずっとそうなのです。そうやって植え付けられた不条理は、あとから解決できません。ヨーグルト飲料にしても、コップに半分ずつ入れて、二人に渡してくれればよかっただけのことです。それをしなかったことで、私の中にはずっと不条理な気持ちが残ってしまっているわけです。

だからこそ私は「子どもたちを平等に扱うこと」「因果関係をはっきりさせて、不

長女より

いただいたお菓子もじゃんけんをして順番に取るという徹底ぶりでした。私は結局食べきれずに兄たちにあげていましたが……。

条理な気持ちにさせないこと」にこだわっているわけです。

もちろん母は、意地悪な気持ちからしたわけではないのでしょう。小さな弟のほうが先に欲しそうな態度を見せたので、何も考えず弟に渡したのだと思います。

あのときの乳酸菌飲料がどんな味だったのか、実は、私は未だに気になっています。

053

「男だから」「女だから」は禁句。それぞれに合わせた対策をとる

「お兄ちゃんだから」「お姉ちゃんだから」と同様に、私が言わないようにしていた言葉があります。**それは、「男の子だから」「女の子だから」という言葉です。**

親や周りからかけられる言葉を無視するのは、子どもにとってはかなり難しいことです。「男の子なんだから泣いちゃだめ」と言われると、泣きたくても泣けなくなる。「女の子なんだからおとなしくしなさい」も同じです。

「らしくしなさい」と周りから言われ続け、勝手に持たされたイメージを破ろうとすると、ものすごい力が要るのです。だから私は絶対に、そういう言葉はかけないようにしていました。そうはいっても、どうしても出てきてしまうのが体の差です。女性はどうしても身だしなみを整えるのに時間が取られます。体力が少ない人が多い。あ

くまで受験に関して言えば、女の子には不利な条件がいくつかあると言えるでしょう。

我が家の場合で言えば、長男・次男・三男は塾から帰っても元気いっぱいでした。帰ってからも、ぱくぱく夕飯を食べていたくらいなのですが、長女は塾から帰るとグッタリ。食事も「いらない」と言って寝てしまう。それだけ体力の差があるわけです。

でも、受験には男も女もありません。点数がすべてなのですから、たとえ体に不利な要素があったとしても、立ち向かうしかない。「男だから・女だから受験には向かない」などと言わず、対策を練ればいいわけです。疲れ果てて塾から帰ってくるのなら、すぐに寝かせるスケジュールを立てればいい。食事の量が少ないなら、メニューを変えればいいのです。きちんと考えさえすれば、方法はいくらでもあるはずです。

誤解のないように言っておきますが、私が言っているのは「女性も男性並みになれ」ということではありません。

世の中には、いろいろな人がいます。男性も女性も、いろいろな人がいてこそ完成する仕事があります。それぞれの「らしさ」を持ち続けながら、協力して生きていけばいいのです。必要なのは、心も体も十人十色なのだから、自分のことをよく把握して、困った点があるのならば対策を取るということなのです。

図12　佐藤家の禁止ワード

1 「お兄ちゃんだから〜」「お姉ちゃんだから〜」

2 「男の子だから〜」「女の子だから〜」

→ 子どもは子ども。
属性や性別で区別しない

054

「叱る基準」は貫き通す

大人が子どもを叱る基準というのは、案外いい加減なものです。

それに気づいたのは、あるときじゅうたんにジュースの染みがついたときでした。ジュースが入ったコップを持って、子どもが走り回ったのです。「走ったらだめよ」と注意しましたが手遅れで、コップに入っていたぶどうジュースがじゅうたんにこぼれてしまいました。

ぶどうジュースは色が濃いので、なかなか染みが落ちません。一瞬、すごく腹が立ったのですが、そのときにふと考えたのです。「これがりんごジュースだったら、ここまで腹は立たなかっただろうな」と。

子どもにとっては、どちらも同じ「ジュース」に変わりありません。「ジュースを持って走り回った」という事実は同じはずです。それなのに「ぶどうジュース」ではめちゃくちゃに叱られ、「りんごジュース」ではあまり叱られなかったとなると、子どもが混乱してしまいます。

「染みが残る」というのは大人の理屈。小さな子どもにはまだ、そこまでの理屈を理解することはできないということに気づいたのです。

これは勉強でも同じことです。たとえば兄弟が同時にテストを見せてきて、お兄ちゃんは100点、弟は80点だったとしましょう。

人間、どうしても弟のほうに「もっと頑張りなさいよ」と言いたくなると思います。でも、テストを持って帰ったのが弟だけだとすると、80点は「いい点数」だと思うはず。たまたま同時にテストを持って帰ったお兄ちゃんのほうが点数が良かったからといって、80点なのに叱られたら、子どもは納得がいかないのではないでしょうか。しかも、テストの内容は違うわけですし。

その場に応じて叱る基準をコロコロ変えると、子どもとの信頼関係が築けません。だからこそ、叱る基準をいったん決めたら、それを絶対に守る覚悟が大切になるのです。

99回は同じ方針で叱ったとしても、最後の100回目で感情的に罵ってしまったら、それまでの努力はすべて水の泡です。たった1回のあやまちで、過去のことはすべて無に帰してしまいます。

言うまでもなく、「叱るのか叱らないのか」が場合によって変わるなんてもってのほか。叱るルールには、「白か黒か」の基準しか必要ないのです。

「叱る基準を変えない」ことに関して、思い出すことがあります。

三男が小学校くらいだったときでしょうか。何かの点数が悪かったので、理由をたずねてみたのです。すると三男は、理由を答えるのではなく、「だって頑張ったもん。3時間もかかったよ」と言い訳をし始めました。

私は、「頑張ったから」という言い訳には意味がないと思っています。やむをえず時間がかかってしまうならまだしも、効率よくこなすための工夫もせず、「頑張ったから」「時間をかけたから」悪い結果でも構わない、というのはおかしいと思っています。三男に注意しようと思ったとき、私の代わりに口を開いたのは、なんと次男でした。

次男は三男に向かって、「おまえな、それ、ママが一番嫌いな言葉や。時間かけた

長女
より

母はマナーなどについては特にうるさかったです。音を立てて食べたり、箸で食べ物をさしたりすれば必ず怒られました。

とか頑張ったとか、そういうこと言うとママが絶対キレるぞ」と言いました。言われた三男も「そうやな」と納得していたので、私は何も言いませんでした。

「気分で叱らない」方針を徹底したおかげで、子どもたちの中にも「これは絶対に許されない」というはっきりした基準ができていたのだと思います。叱る基準がブレないように、と気をつけていた成果を見た気がしました。

親だって人間ですから、疲れていたり、忙しかったりするときはあります。だからといって、そのときどきで叱る基準がブレてしまっては、子どもはいつもビクビクしながら過ごすようになってしまいます。

どんなことがあっても基準は変えない。「疲れているから」「忙しいから」を言い訳にしない。

そうすれば、子どもの中にもきちんと基準ができてくるのです。

055

「朝令暮改」は絶対にNG！情報収集で「手のひら返し」を防ぐ

「子どもからの信用を一瞬で失う親の言動」の代表格は、「昨日と今日で言うことが違う」ことではないかと思います。

たとえば、子どもが体育祭の応援団に入ったとします。それを聞いて、はじめは「ちゃんと勉強しなさい！　応援団なんて、やっている暇ないでしょ！」と叱ったのにもかかわらず、ママ友たちから「いいんじゃない？　楽しむときは楽しめば」と言われたことで態度が一変。次の日には突然「頑張りなさいよ」と言い始める。こういうことをしていては、子どもに限らず、他人から信用してもらえるはずがありません。

あとからいくら取り繕っても、子どものやる気はもう戻りません。もちろん「あとから叱る」パターンも同じ。叱る基準がぶれることは、絶対に避けるべきなのです。

基準がぶれないためには、情報収集が大事です。

突然子どもが「体育祭の準備でこれから2週間、塾には行けない」などと言えば、誰だって驚いてしまうでしょう。どうしても、「何を言っているの！」という言葉が出てしまうかもしれません。でも、このときに発した第一声こそが子どものやる気を左右するのです。不用意な言葉をかけないためにも、事前に情報を集めておいて、心づもりをしておくことが大事になってくるわけです。

体育祭の例で言えば、まずは学校の雰囲気からリサーチすることが大切でしょう。学校によって、行事にかけるエネルギーの大小はまったく違います。どれくらいの期間を準備に割くのか、あらかじめ知っておくことによって、勉強のスケジュールを事前に調整することができます。

もちろん、仲のいいお友達グループがどういう方針でいるのかについても知っておかなければならないでしょう。仲良しグループの中で一人だけ「行事にはまったく参加しない」というのもまた、なかなか難しい話です。

ママ友などとも話しながら情報を収集し、備えておくことが必要になるのです。

056

小さいうちは「家と外で基準を変えない」。育ってからは「人前で叱らない」

子どもがまだ小さかったときのことです。スーパーでレジに並んでいるときに、子どもが何かいたずらをしたことがありました。もちろん注意してやめさせたのですが、それを見たレジのおじさんが「ぼく、よかったな。家だったらもっと怒られてただろ」とおっしゃるのです。

レジのおじさんがそうおっしゃるということは、家の中と外で叱り方を変える人が多いということでしょう。家の中では激しく叱るけれども、人の目があるところではあまり叱らない……という人が多いのだと思います。

でも、そんなことをしたら子どもは「叱られる基準」がわからなくなってしまいます。同じことをしているのに、ここではセーフ、ここではアウトということになってしまうわけですから、子どもが混乱するのではないでしょうか。

そう思ったので我が家では、子どもが小さい間には、場所によって叱り方を変えることはありませんでした。

一方で、子どもが少し大きくなってくると「人前で叱らない」ことも場合によっては求められると思います。

たとえば大人でも、「部下がミスをしたときは、人前では叱らず、別の場所に呼んで注意する」ことがよいとされています。叱る人・叱られる人の関係だけではなく、叱られる人の世間に対するメンツもちょっと考えてあげる必要があるわけです。

これは大きくなった子どもでも同じ。「さっきは人前だったから言わなかったけど、ああいうことを外でするのはよくないよ」と、あとから注意する方法に切り替える必要が出てくるわけです。子どものメンツだって、大事にしてあげなければいけません。

叱り方を変えるタイミングとしては、「中学生に上がった頃」が目安でしょうか。子どもが小さな間は、場所によって基準を変えない。ちょっと育ってきたら、子どものメンツも大事にしてあげる。我が家ではこのような方針をとっていました。

057

「よその子」に言えないことは、「自分の子」にも言わない

自分の子どもにかける言葉を、思い出してみてください。その言葉を、「よその子」にもかけられますか?

「いやいや、絶対に言えないよ」と思ったならば、日頃の言動について考えなければいけないでしょう。たとえ自分の子どもだからといって、ひどい言葉をかけていい理由にはならないのです。

子どもは想像以上に、親からの言葉を重く受け止め、傷ついているものです。なかにはちょっと機嫌が悪くて、ついついひどいことを言ってしまう場合もあるでしょう。そういうとき、相手が大人であれば「機嫌が悪いな」とスルーもしてくれるでしょうが、子どもだとそうはいきません。

「たとえひどいことを言っても、親子なのだから、きっと許してくれるだろう」という考えは、正直なところ人間関係を甘く見ていると思います。「親子だからこそ、長く付き合っていかなければならない」という点がまったく見えていませんよね。

実際に、子どもの点数が悪いときに「ばかじゃないの」「こんな点数でよく生きていられるね」などとおっしゃる親御さんを見たことがあります。そんな言葉は、よその子どもには決して言えないことでしょう。それを平気で言えてしまうのは、「自分の子どもだからいいだろう」と甘く考えているからではないでしょうか。

でもそれは違います。「親からの言葉」だからこそ、その言葉は子どもを縛り付けてしまうわけです。やはり私は「よその子に言えないことは、自分の子どもにも言ってはいけない」と思います。

感情的な言葉は、子どもから親への信頼を失わせるきっかけにもなります。

感情的な言葉で叱っても、「叱る」ための因果関係がはっきりしません。

「なぜ、それが悪いことなのか」「どうすればいいのか」がわからないわけですから、子どもが納得できません。

「お父さん・お母さんの言うことだから」「お前を育てているんだから」という言葉

もダメでしょう。「立場」を理由に叱っても、子どもは納得できないでしょう。

そういう叱り方を繰り返すと、子どもは大人への信頼を失っていきます。「お母さん、昨日言ってたことと今日言ってることが違うな」「お父さんの言ってること、なんかおかしいな」となって、大人の言うことを信用しなくなります。

図13　佐藤家の叱るルール

1. 「叱る基準」は絶対に変えない
2. 「手のひら返し」はしない
3. 家と外で基準を変えない
4. 人前で叱らない
5. よその子に言えないことは自分の子にも言わない

058

倫理的に許されないことには「キレる」

これまで「理由を説明して叱る」ことの大切さを話してきましたが、その一方で、絶対に許されないことに対しては、「感情的に怒る」ことも大事だと思います。

絶対に許されないことというのは、たとえば命に関わること。刃物や火で遊んだり、お風呂場でふざけていたりすると、どんな事故につながるかわかりません。いくら説明が大事といっても、死んでしまっては何の意味もありませんから、声を荒らげてでもやめさせるべきでしょう。どんなときも、最優先にすべきは子どもの命だからです。

それから、命を軽んじるようなこと。

子どもは、大人と時間の感覚が違います。極端に言えば、何をしても死なないような、自分の命は永遠に続くような錯覚をしていると思うのです。

でも、実際はそうではありません。若くして病気で亡くなってしまう子もいるし、いじめを苦にして、自分で命を絶ってしまうような子もいる。

大人になる過程でそういったケースを知り、「ああ、命は永遠ではないんだな」と学んでいくわけですが、子どもにはまだそれがわからないのです。

命がなぜ大切なのか？　それは、簡単に答えの出るような問いではありません。人の命と動物の命に差はあるのか、動物の命と植物の命に差はあるのか。いろいろな経験を積めばこそ「人間は動物や植物の命をいただいて生きている、罪深い存在である」ということを含めていろいろと考えられるわけですが、子どもにはまだ経験がない。

ですから私は、もしも子どもが命を軽んじるようなことがあれば「めちゃくちゃにキレよう」と覚悟していました。

恐怖で子どもを支配するなんて、絶対に避けたいことではあります。でも、まだ経験の足りない子どもに「命」を大切にさせるには、ごちゃごちゃ説明するよりもまず、「ママがめちゃくちゃに怒る」という形で抑止する必要があると思ったのです。

説明して叱ることは大事ですが、命に関わることに関しては、こちらも「覚悟を決めてキレる」。それが私の決めたルールでした。

幸いなことに、我が家の子どもがそういった行為に出ることはなかったため、「キレるための覚悟」も使いどころがありませんでしたので、今はホッとしています。

059

子どもの質問には「待って」と言わない。答えは「事実」を確認してから

子どもが何かを質問してきたとき、ついつい「待って」と言ってしまうことはないでしょうか。でも、ちょっと考えてみてください。その「待って」は具体的に、どれくらい待てばいいのでしょうか。「いつまで待てばいいの？」と、子どもに思わせていないでしょうか。

明確な理由のない「待って」は、できれば避けたい言葉です。

そもそも、「子どもが親に質問してくれる」なんて、せいぜい18歳まで。だったら、ちゃんとすぐに答えてあげたほうがいい。そう思って、我が家では子どもに「待って」と言わないようにしていました。

子どもの質問について同じく大事だと思うのは、「きちんと事実を調べてから話す」

長女より

母の影響か、父も兄たちも私も疑問に思えばすぐに調べる癖がつきました。知的好奇心が冷めないうちに気がすむまで調べます。

ということです。

考えてみると、人間の知識なんてけっこういい加減なものです。間違った知識を、思い込みで教えてしまうかもしれません。

だから私は、子どもに何かを聞かれたときは「ちょっと待って、調べる、調べる」と言って、サッと調べて答えるようにしていました。事実確認は大事なことなので、このときばかりは「待って」もやむなしと思ったわけです。

「あれ、去年の話だったよね」「いや、おとといじゃなかった?」なんて、お互いあやふやな知識で話を進めても、その議論はまったく意味がない。もともとの事実を勘違いしていたら、「さっきまでの話はなんだったの?」となってしまうわけです。

曖昧な知識での議論は水掛け論と大差ありません。今は便利な時代になり、スマホを使えばサッと調べられるようになりました。私も実際にスマホを使って、調べた結果を「こんなふうに書いてあるよ」などと見せて話すことがありました。

誰かと意見を言い合うにしても、まずはそもそもの「事実確認」が欠かせません。確かな事実に基づいて話すのが、何よりも大切になるのです。

060

子どもの意見を聞く前に、まずは親の意見を言う

「子どもに意見を聞く」という場合、気をつけたいのは、それが「試験」になっていないかということです。

子どもとのコミュニケーションの方法論として、先入観を持たせないために「自由に意見を言わせる」方法があると聞きます。「親がどう思うか」は言わないで、先に子どもから意見を言わせてみるわけです。

でも私は、その方法論には反対です。自分の手の内を明かさないで、相手だけに意見を言わせる。それはいわば、「口頭試問」と同じものだと思うからです。

親から子どもにする質問には、「親が質問の答えを知らないもの」と「知っているもの」があります。

「親が答えを知らない質問」というのは、たとえば「体育祭の日程、なんで今年だけ違うんだろう？」などという質問。この場合、親は答えを知らないわけですから、学校の事情をよく知っている子どもが、先に意見や推測を述べてもいいでしょう。

でもこれが、たとえば「時事問題」や「社会問題」に関する話題だったらどうでしょうか。親は、ある程度の答えを知った上で子どもに質問することでしょう。しかも相手は経験値の低い子どもですから、間違った意見を言う可能性も高くなります。

その結果、せっかく言わせた意見に「それは違うのよ。ママが思うのは……」と言うことになり、子どもの意見を否定するわけですから、とても子どもに失礼なのではないでしょうか。

そんなことを繰り返されたら、子どもは「今度はどこを突っ込まれるかな」と不安になるはず。親にその自覚がなくとも、子どもは「試験を受けている気持ち」になるわけです。これでは、腹を割って話せる関係にはなれそうもありません。

子どもに質問をしたいのであれば、まずは自分から意見を言うべきだと思います。自分がどう思っているか、手の内を先に明かしてから、子どもにも意見を聞いてみる。それが対等な会話というものでしょう。

大人同士のやりとりではなく、経験の違う子どもとの会話だからこそ、「口頭試問」にならないように気をつけなければならないのです。

061

子ども全員が「明るくハキハキ」しなくてもいい

当たり前のことですが、子どもにはいろいろな性格の子がいます。人見知りが激しかったり、口下手だったり、逆に、元気がよすぎて暴れん坊気味の子もいます。中にはそんな我が子を見て、「もっと話せるように」「もっと明るく」「もっとおとなしく」と感じてしまう方もいるようですが、私はそのままでいいと思います。

確かに、明るい性格でハキハキ話せるのはいいことです。でも、全員がそういう人間に育つことはありえないし、その必要もないでしょう。

「人見知り」と呼ばれる性格だって、裏を返せば、常に一歩引いて周りをよく見ている子だということです。それはそれでよい性格だと思いますし、「口下手」にしても、ゆっくり話を聞いてあげれば意思疎通はできるのだから、お母さんが聞き上手になればいいだけ。焦って矯正するべき性格だとは思いません。

私は、本当に直すべきなのは、大人も子どもも共通して「よくない」と言える行動だけだと思っています。「ものを投げない」などは、その一例だと言えるでしょう。

ものを投げて置こうとすれば、壊れてしまうだけでなく、人にけがをさせることもあります。ものを投げて渡すのも同じで、第一、気分がよくありません。「ものを投げない」ルールには、大人も子どもも関係ない。だから、絶対にものを投げないようにしつけるのは適切だと思います。人に迷惑をかけてしまう行動は「個性」ではありません。そういった点に関しては、口うるさく言ってしつけるべきでしょう。

同じく練習しておきたいのは、「机に向かってきちんと座る」こと。これはマナーの面だけでなく、学習習慣をつける意味でも大事だと思います。「椅子に座るのはごはんのときだけ」というような生活ではだめで、机と椅子に慣れさせなければいけません。就学前は一日10分簡単なプリントをやるだけでもいいので、トレーニングしておくといいでしょう。大人用の椅子だと体格に合わず、トレーニングになりませんから、幼稚園や塾に置いてあるものと同じような子ども用の椅子を購入することをおすすめします。

062

しつけを先生に任せてしまわない。忘れ物についての考え方

子どもの自主性を高めるためには、子どもに任せることが大事だとおっしゃる人がいます。たとえば忘れ物。学校で必要な持ち物の中には、「これは子どもが忘れるだろうな」という持ち物がときどきあります。それをあえてチェックせず、忘れ物をして先生に叱られることで、忘れ物に注意できる子になるはずだ、というわけです。

けれども、本当にそううまくいくでしょうか？　私はかなり疑問だと思っています。忘れ物をして叱られて、次からは忘れなくなるなんて、幻想ではないでしょうか。忘れっぽい子は確かにいます。そんな子が、何度も何度も先生から叱られていれば、忘れ物をしなくなるのでしょうか？　私はそうは思いません。

忘れ物だけでなく、「学校に行かせていれば、先生がしつけてくれるはず」という

長女より

高校のとき体操服を忘れたことがあったのですが、母は電車に乗って奈良から京都まで届けてくれました。ありがたかったです。

考えは無責任だと思います。何かミスをした子どもを、忙しい先生が適切に叱ってくれるかも確実ではありません。「忘れ物をしたけれど、叱られなかった」となれば、「叱ってもらって成長」すらできないのですから、まったくの無意味になってしまいます。

授業への参加がしにくくなることも考えられるわけですから、大きなマイナスです。それならば、忘れ物をしないようにあらかじめ家で確認してあげて、気持ちよく学校へ行けばいいのです。

我が家の場合、次男がしょっちゅう忘れてしまう性格でした。でも、持って生まれた性質なのだから仕方がありません。私は次男に、「子どもの間はママが見てあげられるけれど、大人になったらしてあげられない。だから、自分は忘れっぽい性格なんだなっていうのは知っておいてね。人より早めに準備をして、気をつけるようにしてね」と言い聞かせていました。

感情的に叱っても怒鳴っても、忘れっぽい性格は変わらないのです。だったら、その性格と付き合っていく方法を教えてあげればいい。わざわざミスを放置して、人から叱られる必要はないと思います。

家族・家庭のルール

063-077

063

生まれ育った文化を理解して「自分の根っこ」をしっかり下ろす

政治家や起業家がやたらとカタカナ語を使う傾向は、好ましくないと思います。わかりやすく日本語を使って話せばいいのに、わざわざ外来語を使う。かといって、正しい英語の発音でもない。そんな中途半端なことをして、しかも内容の理解が妨げられるのですから、何ひとつよいことがないのです。

日本には、どこか「海外のものを無批判にありがたがる」傾向があるように思います。島国であることに原因があるのかもしれませんが、やたらと外国人タレントの発言をありがたがるのもその表れでしょう。

でも、外国の文化はすべて、素晴らしいと言えるのでしょうか？

私はそうは思いません。

日本の文化にも外国の文化にも、良いところ・悪いところはあります。「良い」というのもまた曖昧で、ある文化では「良い」とされていることが、他の文化では「悪い」こともある。「正義」なんて最たるものです。それが戦争の引き金になることもあるわけですから、よく考えもしないで影響されるような態度は改めるべきです。**文化について考える必要があるのならば、まず初めに理解すべきは自分自身のことでしょう。**

私たち家族は日本に生まれ、日本人として生きてきました。普段はそのことを意識しないで生きているわけですが、知らず知らずの間に「日本文化」の影響を受けているわけです。

日本文化では一体何が「良い」とされているのか。他の文化と比べて、それは本当に「良いこと」なのか。そんな問題を考えるにあたっても、まずは自分自身を知らなければいけません。だから私は、日本の伝統を大事にしたい、日本のマナーを身につけてほしいという方針でやってきたわけです。

自分がどこの人間として生まれ、どのような言葉を話し、どの文化を背負って生きているのか。言い換えれば、「自分の根っこを下ろすのはどこなのか」を考えることは大切です。

私たち家族はたまたま日本に生まれたので、日本文化に根っこを下ろす教育でやってきました。でも、どこの国に生まれても同じことでしょう。

「自分の根っこ」を下ろしてやっと、他の国の人と対等にディスカッションができる。

本当の意味で、「今の時代にとっていいこと」を考えられると思うのです。

064

子育ての責任は「シェアしない」。中途半端な口出しはいらない

夫婦に関して、「都合のいいときだけ『いい顔』をするパパはずるい！」という愚痴をよく聞きます。ママが子どもを叱っているのを見ると、そっと別の部屋に隠れてしまう。もしくは、「まあまあ、そんなに怒らなくてもいいじゃないか」などと横から口を出してくる。普段は子どもに関わらないくせに、肝心なところで「いい顔」をするのはずるいじゃないかと、そういう不満をよく聞くのです。

叱っているママにしてみれば、それまでの流れを踏まえた上で子どもを叱ったり、ほめたりしているわけなのです。たとえばテストが60点でも、「それまでは30点、40点しか取れなかった」という流れがあるかもしれません。

ママはその経緯をちゃんと知っていて、それを踏まえて「よく頑張ったね！」と喜

長女より

私は文句なしに成績が良かったときだけこっそり父に自慢して、よくわからない父はとりあえずにこやかにほめてくれました。

んでいるのにもかかわらず、普段はテストを見もしないパパが帰ってきて、「なんだ、60点しか取れてないのか、もっと頑張れよ」などと言ったらどうでしょうか。子どももママもがっかりしますよね。

これは子育てに限らないことかもしれませんが、「中途半端な関わり方」をするくらいなら、一切口を出さないほうがよいと思います。

ママでもパパでも、どちらでも構いませんが、いったん「私が責任を持つ」と決めたら、もう一人は口を出さない。サポートしたいと思うのなら、口出しをするのではなくて、ゆったり愚痴でも聞いてあげたり、家事を手伝ったりすればいいのです。

我が家でも、私が忙しいときに洗い物がたまってしまい、帰ってきたパパに「食器がもうないよ」などと言われることがありました。「実況中継するくらいなら、洗ってちょうだい」と返事をしたものですが、「口出しをするくらいなら、他のことを手伝う」というのは本当にそうだと思うのです。

夫婦の間で大事なのは、責任の所在をきっちりと決めておくことです。そして、いったん線引きをしたら、相手の領域には口を出さないのが鉄則だと思います。

065

家族は全員で一蓮托生。受験生がいる年は「行事なし」

行事を大切にしていた我が家ではありますが、「家の中に受験生がいるときは行事なし」というルールも同時に徹底していました。

イベントを本当に楽しもうとすると、それなりに時間がかかります。たとえば我が家では、夏休みには必ずかき氷づくりと花火を楽しんでいました。でも、それも受験生がいる年は一切なし。主人は花火が好きですから、「ママ、そんなに何分もかからないよ」などと言っていましたが、たとえ花火に時間がとられなかったとしても、そのあと「さあ、勉強するぞ！」という気持ちに切り替えるまでに時間がかかってしまうわけです。ですから、我が家ではきっぱりと「なし」の方向で決めました。

受験生の貴重な時間に、遊んでいる暇はありません。そうはいっても、家の中で楽

長女より

これはとても大事です。自分が受験生の時、どれだけ助けられたか感謝してもしきれません。

しいことをしているのに、受験生だけ「あっちで勉強してきなさい」なんてかわいそうな話です。

受験生が一人でもいたら、家族はみんな一蓮托生。子どもたち全員に同じ対応をしましたから、イベントがないことに不満を漏らすことはありませんでした。

「全員でやる」という話でいうと、長男と次男が大学受験、長女が中学受験を迎えた年のことを思い出します。

次男と長女の受験会場は遠方ですから、どうしても付近に宿泊することになります。普段は私が付き添って泊まるのですが、このときばかりは3人が同時に受験。どうしようかと考えて、主人・私・三男の3人をそれぞれの会場に割り振りました。

長男がセンター試験を受けるのは奈良。家から近いということで、主人が家から送って行きました。次男は神戸だったので、三男を「目覚まし係」として派遣。持ち物のリストやタイムスケジュール、やるべきことなどを細かく書いて渡しました。そして一番小さかった長女には私が付き添い、家族全員で受験本番を迎えたのです。

これも、家族は一蓮托生の気持ちからしたことでした。

066

子ども部屋はいらない

我が家は、絶対に「子ども部屋」は与えませんでした。

そう決めたのは、単純に「会話のない家族は寂しいだろうな」と思ったからです。顔を合わせるのは食事のときだけで、自然と会話も少なくなる。それは寂しい光景だろうなと考え、あえて子ども部屋を作らなかったわけです。

子ども部屋を作らないと、子どもが引きこもる場所がありませんから、自然と家族が集まるようになります。何かテーブルゲームをするにしても、ひたいを突き合わせ、みんなでわいわい盛り上がる。ちょっとすねているようなことがあっても、家族みんなが集まっていれば、興味を引かれて戻ってくる。

これが子ども部屋のある状況であれば、「自分はしない」と言う子がいるに決まっ

長女より 三男と暮らしている今も各々の部屋はありませんが、特に不満はありません。せっかく一緒に住んでるのに寂しいですしね。

ています。家族がばらばらになってしまって、仲が悪くなると思うのです。

こういうことを言うと、「プライバシーが守られないのでは？」と心配する方もいます。でも、大人に部屋を与えてプライバシーを守るのと、子ども部屋を作るのとでは事情が違うと思うのです。たとえばフランスなどでは、赤ん坊は生まれたばかりでも個室を与えられ、夫婦とは違う部屋で寝ると聞きます。夫婦は夫婦、二人だけで寝て、赤ん坊が泣いたら様子を見に行くスタイル。徹底された個人主義です。そこまでするのなら、一つの考え方としてありでしょう。

でも、日本ではそこまで個人主義が徹底されていません。「老いたら子どもが親の面倒を見るべき」という価値観も根強く残っています。子どもの自由を完全に認めるわけでもないのに、中途半端に部屋だけ与えても意味がありません。極端な言い方をすれば、子どもの様子を見ずに放置しているのと同じではないでしょうか。

子どもが自活し始めるまでは、家族でわいわい暮らしているほうがいいと思います。どうせ大人になってしまえば、勝手に家を出て行くのです。だったら、限られた時間を楽しく過ごせばいい。これが佐藤流です。

067

子どもが学校をいやがるときは早期発見・早期治療

長男は子どもの頃ブロッコリーが大嫌いでした。小学校1年生のときに、給食の月間メニュー表を見て、ブロッコリーが出る日は学校へ行きたがらないという事件が起こりました。

私としては、子どもを小学校へ通わせるのは長男が初めてです。今となっては大げさかもしれませんが、「もしもブロッコリーが原因で、学校自体がいやになって、不登校になってしまったらどうしよう」と不安な気持ちになったことを覚えています。

結局、学校の先生と相談して、「ブロッコリーは、食べなくてもいいですよ」と言っていただけたので、長男は安心して、元気に学校へ通えるようになりました。

子どもが学校へ行きたがらない素振りを見せたら、理由がなんであれ、早期発見・

長女より　私は牛乳が飲めなくて給食がきらいでした。牛乳は毎日給食に出るので厄介でした（笑）。

早期治療が肝心だと思います。

ブロッコリーの例は極端ですが、家の中だけで考えていても、解決することは難しいでしょう。そうではなく、すぐに学校へ相談して、どうすれば楽しく通っていけるかを考える。実際に長男は、「給食のおかずを一品食べなくてもいい」だけで、ブロッコリーが出る日であっても機嫌よく、学校へ通えるようになったわけですから。

私は常々、子どもは「寄ってたかって育てるもの」だと感じています。

たとえば『ハリー・ポッター』では、ハリーの両親はすでに亡くなっていますし、世話をしてくれるおじさん・おばさんも優しくない。でも、ダンブルドア校長やハグリッド、ロンのお母さんなどが見守ってくれることによって、ハリーは健康に育っていきます。子どもが育つには、たとえ親がいなかったとしても、おなかいっぱい食べられて、安心して眠れる場所があり、あたたかくしていることが大事だと思うのです。

親も含め、一人の力だけで子どもを育てるなんていうのは絶対に無理でしょう。何か不安なことがあったら、一人で抱え込んでしまわないで、周りに頼ればいいのです。

学校の先生や塾の先生、ママ友や近所の人に頼りながら、「寄ってたかって」子どもを守る。それが理想だと思います。

068

「お手伝い」と「雑用」は違う。意味のあるお手伝いを

我が家では、子どもにお手伝いはさせませんでした。

といっても、はじめからそう決めていたわけではなく、ちょっとだけ料理を教えようとした時期もあります。子ども用の、先が丸くなっている包丁を買って、ピーラーやまな板も人数分そろえて、ジャガイモの切り方でも教えようかなと思ったのです。

それで「さあ、やろう！」と思ったら、子どもはみんな面白がって、包丁を持ったまま走ったり、振り回しながらしゃべったり……。もう、思った以上に危険でした。「これはダメだ！」と思ったので、すべて道具も回収して、それ以降は一切させないようにしました。

そもそも、「お手伝い」には2種類あると思います。一つは、単なる「雑用」のパター

ン。たとえば「コショウが切れたから、コンビニまで行って買ってきて！」というような、いわば「使い走り」のようなお手伝いです。こうした雑用には「目標」がありませんから、子どもを育てることにはなりません。

くわえて、親がこういうお手伝いを頼むときにはだいたい、子どもの予定を無視していることが多いように思います。子どもが何をしていようと、「ちょっと急いで行ってきて！」と使い走りにしてしまう。

何かを中断されると、人は不愉快な気持ちになるものです。私は、子どものしていることはなるべく中断したくないと思っていました。子どもが絵本に没頭しているのを、こちらのつまらない雑用で中断するのはかわいそうだと思ったのです。

たとえごろごろしているように見えても、子どもは疲れて眠りたいのかもしれない。休息は休息で大事なことでしょう。だから「雑用」はさせませんでした。雑用をさせても、子どもにイヤな気持ちが残るだけだと思います。

もう一つのお手伝いは、「このお手伝いをすることで、何かができるようになる」という「意味のあるお手伝い」。たとえばお母さんが仕事をしていて、金曜日はどうしても会議があり、帰りが遅くなるご家庭だったとします。そこで子どもに、「金曜日はカレーを作ってね」と頼んでみる。

すると、お母さんも助かりますし、子どもはお手伝いを通して料理を身につけることができるわけです。こういうものは「意味のあるお手伝い」と言えるでしょう。

子どもが小さい間は料理は危険なものですが、少し大きくなった子であれば頼むのもアリだと思います。ただしその場合も、子どもの予定を把握した上で依頼することが大切。「金曜日は塾もないし、次の日は休みだし、頼んでも大丈夫かな」などと考えた上で依頼するのがいいでしょう。

お手伝いを頼むときには、「子どもにとって意味のあるお手伝いかどうか」を考えるのが大事です。雑用をさせても子どもは育ちません。「お手伝い」と「雑用」は、きちんと区別しなければいけないと思います。

069

テレビやゲームはそもそも置かない。「易きに流れない環境」を作る

大学受験までの期間は、一分一秒が貴重な時間です。

子どもが受験に挑むのは18歳。時間があるように思いますが、生まれてから数年間は「ばぶばぶ」言っているような子どもで、勉強はできません。そうでなくても、体調を崩して勉強できない時期もあるかもしれません。

そもそも人間は一日のうち、3分の1を眠って過ごします。18年間のうち、実に6年間は眠っている計算になるのです。このように考えていくと、実際に準備にかけられる時間がとても少ないことに気づくのではないでしょうか。

そんなに限られた時間の中で最終的に「合格」をつかむためには、「勉強のできる環境づくり」が何よりも大切だと思います。

図14　佐藤家の家族のルール

1. 子育ての責任は「シェアしない」
2. 受験生がいる年は「行事なし」
3. 子ども部屋はいらない
4. 子どもにお手伝いはさせない
5. テレビやゲームは原則NG

人間、目の前に娯楽があると、ついつい手を伸ばしてしまうものです。テレビもゲームも、目の前に置いてあれば、誘惑されてしまうのは仕方がないこと。それをいちいち「いい加減にしなさい！」などと叱っていては、お互いにストレスが溜まります。それなら、勉強の邪魔になりそうなものは、はじめから生活エリアに置かなければいいのです。

私が子育てをしていた時代は、ここまで電子機器が発達していませんでした。テレビとゲーム、漫画くらいしか気にしなくてよかったわけですが、今はいろいろと便利な機械が出てきています。そのうえ、学校生活にも浸透してきていますから、「与えない」という選択はもはや難しいでしょう。「帰ったら電源を切って預かる」など、けじめをつけるためのルールを考える必要があると思います。

070

「一生もの」の歯を守る。3ヶ月に1度の定期健診

知識は一生ものですが、同じく一生付き合っていくものがあります。それは歯です。歯は、簡単に交換できるものではありません。ですから大事にしなければならないのですが、いくらうるさく「ちゃんと磨きなさいよ」と言っても、小さな子が真面目に磨くはずがありません。虫歯になってしまってから必死に磨いたとしても、もう手遅れ。

それで我が家では、子どもがある程度大きくなるまで、私が徹底的に歯の管理をしていました。

まずは、家での歯磨きです。実は、我が家の子どもたちの歯は、小学6年生になるまで私が磨いていました。膝の上に寝かせてタオルを持ち、磨いては、ふく。磨いて

は、ふく。デンタルフロスとフッ素までやって完了です。

そこまでしていると、本人たちもだんだん「ちゃんと磨かなきゃいけないんだな」とわかってくるようで、私が磨くのをやめたあとも、同じ方法で磨くようになりました。おかげで、子どもたちには乳歯・永久歯に虫歯は一本もありません。

それから、3ヶ月に1度の定期健診。プロにきちんと歯の掃除をしてもらい、虫歯はないか、噛み合わせはどうかを点検してもらいます。

それから、歯の溝を埋める「シーラント」。

これはプラスチックの詰め物なのですが、歯の溝をあらかじめこれで埋めておくことによって、虫歯になりにくくなるのです。生えたての子どもの乳歯は、とにかく溝が細く深くなっています。どれだけ注意深く歯磨きをしても虫歯を予防しきれませんから、この「シーラント」はおすすめです。

さて、それだけこまめに歯の健診に行っていましたから、なるべく楽しく通えるようにと思い、「帰りには甘いものを食べる」ことにしていました。

矛盾しているようですが、きちんと磨きさえすれば、甘いものを食べたからといってすぐに虫歯になるわけではありません。

長女より　歯に関しては本当にうるさいです。帰省の度に歯医者に連れて行かれます。

隅々まで見てもらったあとに、「虫歯がなくてよかったね」ということでおやつを食べる。基本的におやつを買わない我が家でしたから、健診も楽しいイベントにすることができたわけです。

071

お弁当は「新鮮さ」「衛生」だけ重視。それ以外は手を抜いてもいい

食事の時間は楽しいものです。子どもたちが通っていた学校はお弁当持参だったので、お弁当を楽しんで食べてもらえるようには気を使っていました。

とはいえ、長男・次男・三男は育ち盛りの男の子ですから、見た目の面はまったく気にならないようです。

彩りのためにレタスを入れたら、「ママ、しなしなになったレタス、食べたことある？」などと言われてしまいました。イチゴもトマトも「温まってしまうとまずい」と不評だったので、色については途中で諦めたのを覚えています。

では何にこだわったかというと、そこはやはり新鮮さ。

唐揚げは大人気のメニューでしたが、作り置きではなく、朝から大量に揚げていま

した。大きなボウルで一気に混ぜて、それはもう大変な作業だったのですが、そこだけは頑張りました。

一方で、効率を考えて手を抜いたところもありました。それは「お弁当箱を複数用意すること」「割り箸を利用すること」です。

お弁当箱やお箸は口に入るものです。洗うにしても、適当な洗い方をしていては、どんな雑菌が繁殖するかわかりません。ですから私は歯ブラシや綿棒を使って、隅々まできれいにしていました。でもそうすると、とにかく時間がかかります。夜の間に洗いきれないときもあると思ったので、お弁当箱は何セットか買って、たとえ前日のものが洗えていなくとも、お弁当が詰められるようにしていました。

それから箸箱。箸箱は複雑な構造をしていて、汚れが溜まりやすくなっています。最初のうちはお弁当箱と同じように掃除していたのですが、だんだんやっていられなくなり、割り箸に変更しました。これで洗い物がかなり楽になったと思います。

お弁当に関して言えば、すべてを完璧にしようというのは無理なことです。時間にもエネルギーにも限りがありますから、どこか一点だけこだわって、あとは手を抜けばいいと思います。

長女
より

やめてと言うまでは豚肉、鶏肉、ウインナー……あらゆる種類の肉が入っていました。サラダは毎日の楽しみでしたね。

ちなみに、息子たちの大好きな肉が多いお弁当は長女には不評でした。「肉、肉、肉のお弁当はやめて」と言われたので、初めてサラダを持たせました。お弁当箱も数十個用意したので、色とりどりのお弁当タイムを楽しんでもらえたのでは、と思います。

072

「3時のおやつ」は必要ない。おなかが空くなら「食事をちょっと」

私は、「3時のおやつ」という習慣は、必要ないと思います。

ずいぶん前のことにはなりますが、「粗食のすすめ」という考え方が出てきたことがありました。高カロリーなお菓子をおやつに食べるのではなく、小さなおにぎりや、お芋をふかしたものを食べようという考え方です。

考えてみると、確かに昔と現代では食べ物の事情が違います。おかずが潤沢でなかった昔とは違い、今はほとんどの食べ物が高カロリー。「とにかくカロリーをとり、栄養をつけること」が重要だった時代とは、適切な食事の取り方も変わってくるはずです。

それで我が家では、「3時のおやつ」という習慣を取り入れるのではなく、「おなかが空いたら、小さなおにぎりを食べさせる」という方法でやっていくことに決めました。バターロールやトーストを用意したこともあります。ともかく、空腹を補うものが「お菓子」である必要はないと思ったのです。

「3時といえばおやつを食べさせなければ」と考え、おなかも空いていないのに、わざわざ食べさせる必要はありません。子どもが小さいうちはなおさらです。

下手におやつを食べさせたせいで、肝心の夕食を食べなくなることもあるからです。「おやつ」という考え方に縛られるのではなく、おなかが空いたら「ごはん」を少し食べさせる。もしくは、夕食自体を早める方法で、我が家はやってきました。

昔からなんとなく続いている習慣の中には、現代にはもはやフィットしないものもあります。無批判に「こうしなければ」と思う必要はありません。

おやつにしても、だらだらと何となくお菓子を買ってしまうのではなく、子どもにとって何が必要なのかを考えて選択すればいいと思います。

図15　佐藤家の食事のルール

1. お弁当は「新鮮さ」にこだわる
2. お弁当箱は「複数」用意する
3. 「割り箸」を使う
4. 「3時のおやつ」はいらない

073

安易な「海外留学」は不要。留学は大学卒業後でもよい

高校を卒業するまでの18年間というのは、本当に狭い世界の中だけで生きていく期間だと思います。関わる大人も本当に数が少なくて、「○○くんのママ」程度。そういう狭い範囲ならば、少しくらい礼儀や態度がなっていなくても、まあまあ許してもらえるのではないかと思います。

一方で、大人になって社会に出ることを考えると、必要なマナーを身につけなければいけません。きちんとした挨拶をし、遅刻をせず、TPOをわきまえる。中には納得のいかないマナーもあるでしょうが、それでもなんとか衝突しないようにやっていく。大学生の期間というのは、そのためのクッション期間です。

最近は、早い段階での海外留学をすすめる動きがあるように思います。

「クッション期間」をまるまる海外で過ごしてしまうと、日本社会を知り、日本のマナーを身につけるための期間を失うことになります。

大学時代というのは、親の元から少しずつ離れ、社会と関わっていくための練習期間です。生まれ育った社会を知り、社会の良いところも悪いところも見ながら、自分の人生について考える時期。その時期をまるまる海外で過ごしてしまうと、自分の根っこを固める機会を失ってしまうのではないでしょうか。そういう意味で、安易な留学は危険だと思います。

誤解のないように言っておきますが、私は「一生を日本で過ごすことがよい」と言っているのではありません。

大学を卒業し、ひとたび大人になったのであれば、どんどん海外に出ていって活躍すればいい。ただ、「焦って外に出る」必要はないと思うだけです。

074

親は「部屋の壁紙」。常に笑顔で、「明るい壁紙」になる

大人には常に心配事がいっぱいです。疲れているし、忙しいし、ご近所のことも心配だし……。当然、子どものことも考えなければいけません。悩みは無数にあるわけですが、それでも私は「親が常に笑顔でいること」が大事だと思います。

エネルギーは、高いところから低いところへ流れます。ママやパパのエネルギーが高いと、家の中がエネルギーで満たされますし、ママやパパのエネルギーが低いと、子どもたちのエネルギーすら吸い取ってしまう。まるでブラックホールのように、家中のエネルギーを吸い込んでしまうイメージと言えばわかりやすいでしょうか。

私は子どもたちから、「この家で一番元気なのってお母さんだよね」と言われていました。日曜の朝から「はい！　はい！」と動き回るので、寝ぼけ眼の子どもたちか

長女より

母はいつも元気でした。私たちが順番にインフルエンザにかかってもずっと看病している母には絶対うつりませんでした。

ら「ちょっとウザい」なんて言われたこともあります。

でも、親は「元気でウザい」くらいでちょうどいい。親がいつも笑顔でいれば、子どもたちは安心して過ごすことができるのです。

考えてもみてください。子どもたちに何か悩み事があって相談したいと思ったとき、両親が暗い顔をしていたら、言い出せるでしょうか？　言い出しにくいのはもちろんのこと、かえって明るく振る舞ってしまう子もいるかもしれません。

子どもに親の機嫌をうかがわせるようではダメ。子どもには、素直な感情を出せる環境が必要です。子どもが安心して落ち込むためには、親はいつでもニコニコ笑顔で構えていることが大事なのです。

親という存在は「家の壁紙」みたいなものです。部屋の中だって、真っ黒な壁紙より、明るい色の壁紙のほうが明るく楽しく過ごせるでしょう。大人ですから、心配事や不安、不満は常にあります。それでも、なるべく笑顔でいるように、ネガティブな表情は出さないように気をつける。言うまでもなく、親がわざわざ不機嫌になって、子どもに機嫌を取らせるような態度は論外です。

075

「子どもと一緒に居酒屋」はNG！
親は生活が変わる覚悟を

少し前に、「子どもを居酒屋に連れていく」ことに関する議論が盛り上がったことがありました。もちろん子どもにお酒を飲ませるわけではありませんが、「子どもを居酒屋という空間に連れていく」ことの是非が問われました。

個人的な意見を言えば、私は大反対です。それは、居酒屋に出入りすることの「ハードル」が下がるからです。

居酒屋に限らず、パチンコ屋や競馬場でもそうですが、小さい頃から「大人の場所」に出入りしていると、その場所に足を運ぶ際のハードルが下がります。

人間、誰しもまったく知らない場所へ向かうのはハードルが高いものですが、小さな頃から慣れ親しんでいる場所なら、そこへ行くのは簡単です。

居酒屋の話に関して言えば、たまには「親」としてではなく、「単なるひとりの大人」として楽しみたい気持ちがあるのだと思います。けれども、子どもが生まれた以上、以前とまったく同じ生活が送れるはずがないのです。厳しいようですが、独身時代や、子どもがいなかった時代と同じような過ごし方ができると考えていてはダメ。生活を根本から変えていく覚悟を持たなければいけません。

これは家の中でも同じです。子どもがいなかった時代には、家は「大人が快適な環境」になっていたはずです。

我が家の場合を言えば、リビングにはテレビと大きなソファを置き、間接照明で部屋を照らすようなインテリアにしていました。けれども、子どもが生まれた瞬間にソファは処分。テレビも置かないようにして、倒れると危ないので、間接照明も取り払いました。天井の照明もつけなおして明るい部屋にしました。

本当にガラッと家の中を変えてしまったわけですが、子どもを育てるのであれば、それくらいのことはしなければダメだと思うのです。

子どもを安全に育てるためには、「大人が快適な環境」は必要ありません。

076

子どもは意外と親に話さない。祖父母などとの連携も大事

次男が幼稚園児だった頃のことです。次男はいわゆる「早生まれ」でした。月齢の違いは、大人になってみれば大した違いではありませんが、幼稚園くらいの頃にはどうしても差が出てきます。4月生まれの子とは体格もぜんぜん違い、次男はなかなか馴染めませんでした。1学期が終わる頃に「行かない」と言い始めたのです。

子どもが「行きたくない」というからには、何か理由があるはずです。でも、次男ははじめ、それを私に話すことはありませんでした。

私もあえて問い詰めず、無理に行かせることはないと思ってお休みさせていたのですが、不思議と幼稚園自体は好きなようでした。

先生から「おやつは取りに来てください」と言われたので、みんなが帰ってから取

長女より

私は祖母と特に仲が良かったです。祖母と母の愚痴で盛り上がったこともありましたね（笑）。

りに行かせてもらっていたのですが、そういうときには喜んでわっと走っていくのです。それで、「うまくいかないのはお友達との関係かな」と思っていたのですが、真実を知ったのは、何ヶ月もあとのことでした。

あとになって、次男はやっと幼稚園でのトラブルを打ち明けたのです。それも私にではなく、おばあちゃんに打ち明けたのでした。

そのとき、「子どもは意外と、親に理由を話してくれないんだな」と感じたのです。子どもが幼稚園に行くのを渋ったとき、「不登校の癖がついてしまうのでは」と不安に感じてしまう方は多いようです。

でも、子どもが行きたくないと言うからには、何か理由があるはずなのです。子どもはまだ、うまく説明する力が足りないかもしれません。親には直接言ってくれないかもしれません。それでも子どもの様子を見て、必要があれば休ませるのも大事だと思います。

077

調子の悪いときこそママの出番。子どもの最良のパートナーを目指す

成績のいい子、何かに秀でている子は、世間でも学校でも、先生からも友達からも優しくしてもらえます。では逆に、成績の悪い子、一時的にでも悪い点数を取ってしまった子に対しては、誰が優しくしてあげられるでしょうか？

そうです。そんなときこそ、お母さんの出番です。

子どもの成績が悪かったり、何かミスをしてしまったりしたときにこそ、お母さんが声をかけてあげなければいけません。ところが残念なことに、いつもはいい点数を取っていた子どもがいきなり悪い点数を取ってしまうようなことがあると、だいたいの人はびっくりして責めてしまうのです。「何？　この点数は！」「こんな点数、恥ずかしいと思わないの？」「明日から学校になんて行かなくていい！」……。キツい言

葉ばかりですが、ついつい言葉が出てしてしまうのです。

こんな話を聞いたことがあります。同級生が朝から悩んでいる。わけを聞くと、物理のテストが60点と結果が悪く、数学のテストは100点だったそうです。「怒られないためには、良いほうと悪いほう、どちらを先に親に見せるか」ということで悩んでいたようなのですが、先に見せようが後に見せようが合計点は変わりありません。親の機嫌をうかがっている時間とエネルギーがもったいないと思います。

子どもにとって、親は最良のパートナーでいなければなりません。良い結果も悪い結果も、何でも話してくれる関係になっておかなければ、重要なことを話してくれなくなります。

だから私は、テストが良くても悪くても、いい意味でフラットな対応を心がけています。「何、これは！」と怒鳴るなんてもってのほか。結果が悪ければ、原因を分析して対策を練る。結果が良ければ、「よかったね、お疲れさん」と軽くほめる。

過剰に喜んだり、ほめ過ぎたりするのも、悪い結果を隠すきっかけになりやすいですから。子どもが気楽に結果を見せられるよう、言動には細心の注意を払って「ベストパートナー」を目指してください。

幼児期のポイント

078-086

078

育児の最終目的は「自活」。曖昧な「自立」に振り回されない

育児の最終目的は、「自立」ではなく「自活」だと思います。

私は、「自立」という言葉は、定義が曖昧すぎるように思うのです。

幼稚園児の子どもなら、自分で靴を履けるようになるのが「自立」だと言う人がいます。小学生なら、言われなくても自分から宿題に取り組めるのが「自立」。中学生なら……というように、定義がバラバラなように感じたのです。

当たり前のことですが、子どもによって発達のスピードは違います。おっとりした子が、幼稚園児の間に靴を履けなかったとして、それは「自立」に失敗しているのでしょうか？　そんなことはないはずです。

人より少し遅れたとしても、大人になるまでかかるわけでもないのですから、ゆっ

くりできるようになればいいだけのことです。

世間の曖昧な「自立」に振り回されると、目の前の子どもの状態が見えなくなります。そんなに重要でもないことのために、子どもを叩いたり、怒鳴ったりするほうがよほど問題でしょう。

だから私は、「自立」という言葉にはまったく関心を持ちませんでした。できるサポートは何でもしてあげて構わない、という立場を貫いたわけです。

サポートを惜しまない立場をとると、「子どもがマザコンになる」「過保護になる」と言われることもありました。でも、私は立場を変えませんでした。「マザコン」「過保護」という言葉すら、定義が明確でなかったからです。母の日に花を贈れば、それを「マザコン」と言う人もいる。一方でそれを「親孝行」と言う人もいる。「自立」も含め、世間の曖昧な言葉に振り回される必要はないのです。

一方、定義がわからない「自立」という言葉に対し、「自活」という言葉はイメージがクリアです。親が仕送りしなくとも、自分で稼いで食べていける。家をごみ屋敷にしてしまうようでは困るので、最低限の家の管理もできるようになる。「社会の一員となって、衣食住を自分できちんと管理する」という定義がはっきりしていいます。

ですから、私の育児の目標は、**「自活できる子どもに育てること」**。

これはずっと、揺らぐことのない目標です。

図16 「自活」と「自立」の違い

自立 ＝ なんでも一人でできるようになること？

- 幼稚園 ＝ 自分で靴を履けるようになる
- 小学生 ＝ 自分から宿題に取り組む

でもこれって自立なの……？

➡ 「自立」の定義はかなりあいまい

自活 ＝ 自分で稼いで食べていける

➡ 定義が明確でわかりやすい

079

際限なく求められる感覚が「子育ての楽しみ」

長男に続けて次男が生まれたときのことです。長男と次男は1年半ほど年齢が違うのですが、両方ともが寝る前におっぱいを欲しがるのです。

「おっぱいは二つあるんだから、片方ずつあげればいいのでは？」と思うかもしれませんが、それが違うのです。

赤ちゃんはどうやら、一つのおっぱいを飲みながら、同時にもう片方も持っていないと納得できないようなのです。そのため、二人の子どもが私の胸元でケンカをすることに。

二人の子どもが火がついたようにぴーぴー泣く時期が数ヶ月の間続きました。泣きはじめるのはちょうど、夜の8時40分。毎晩、その時間が近づくたびに「来るぞ来るぞ」と待ち構えていました。あまりにもつらかったので、「おっぱいがビヨーンと、ろくろ首みたいに伸びたらいいのになあ」と考えていたほどでした。

パパはというと、あまりにも私が大変なのを見て、早めに帰ってきてくれたこともありました。とりあえず、どちらか一人を引き受けてくれようとしたのです。

ところが、パパが次男を抱いてミルクをあげようとすると、余計に子どもが泣き叫ぶのです。おっぱいがもらえないだけでなく、ママからも引き離されたように思ったのでしょうね。そんなわけで、パパの手助けも解決にはなりませんでした。

そんなふうにつらかった時期ですが、冷静に考えてみると、この状況になっているのは誰にも責任がないわけです。ママである私も、子どもたちも、誰も悪くないわけなのです。それに気づいた私は、状況をプラスに考えることにしました。

この時間を、「歯の健診」の時間にしようと決めたのです。

子どもはウワーンと大きく口を開けて泣くので、口の中をのぞいて見て「この歯は大丈夫、こっちも大丈夫」と確認。「口の中ってこうなっているのか」などと観察することで、その時間を乗り切ることに決めました。

とにかく大変だった数ヶ月でしたが、「これこそ子育ての醍醐味かも」と気づいた

長女
より

確かに母は求められることを楽しんでいたように思います。それゆえに私たちも気兼ねなく頼ることができました。

のもあのときでした。子どもたちから「ママ、ママ〜」と際限なく求められる感覚、これこそが「子育ての楽しみ」なのだなと思ったのです。

080

世間の情報は「ママフィルター」にかける

長男を産んだ頃は、「うつぶせ寝」の全盛期でした。後頭部が出っ張っているヨーロッパの人々に比べて、日本人の後頭部はぺっちゃんこ。ポニーテールも似合わない……ということで、頭の形をよくするために「うつぶせ寝」をさせようという意見があったわけです。そのブームといったら、デパートへ買い物に行っても「うつぶせ寝」用でない布団を探すのが難しいほどでした。

でもそのとき、私はふと考えたのです。

赤ちゃんは、自分の思うように寝返りが打てません。おまけに赤ちゃんの気管は、ピーナッツ一つでふさがってしまうほどに狭いものなのです。そんな赤ちゃんをうつぶせに寝かせて、たとえばミルクをもどしてしまったら……、赤ちゃんの気管は、いとも簡単にふさがってしまうのでは、と心配になりました。

それで我が家では「うつぶせ寝」をさせない方針に決めたのですが、実際にその後、世間では「うつぶせ寝」による死亡事故が起こってしまったのです。

「うつぶせ寝」がブームだったときには、デパートだけでなく、専門家の書いた育児書ですら、ほとんどが「うつぶせ寝」一色でした。

でも、実際に事故が起こると、専門家たちは責任を取ってくれません。母乳がどう、寝かせ方がどう、といろいろなことを指示するのにもかかわらず、起こったことの責任は取ってくれません。

「育児書の理論と実践は、違うところもあるんだな」と考え始めたのは、その事件がきっかけでした。

それで私は、理論は理論でも「自分の子ども専用の理論」を作っていこうと考えるようになりました。

一般的な理論はどうしても「平均値」を取り上げて議論するものです。でももし、自分の子どもが平均からはずれていたら、その理論は子どもにとってなんの意味もなさないかもしれません。

そこで、専門家の意見や理論はもちろん頭に入れながらも、世の中のお母さん・お父さんたちの生の声や、昔からある子育ての知恵も同時に取り入れ、それをいったん自分の「フィルター」にかけた上で、よいと思ったことだけを実践していこうと決めたわけです。

ちなみに、「うつぶせ寝」に関しては理論を否定する形になってしまいましたが、実際にしばらく子どもを育ててみると、他の事では最終的には理論通りの方針に集約されていくことも多くありました。

理論から入って頭でっかちになってしまい、目の前の子どもを見ないというのでは困りますが、「育児書がまったく信用できない」ということではありません。

081

「ネガティブな情報」こそ積極的に取り入れる

とある家のお子さんが、中学受験をやめる決断をされたことがありました。有名な私立中学を目指して頑張っていらっしゃったのですが、体調を崩し、急性腎炎になってしまったのです。おしっこがなんと赤を通り越して茶色になってしまったそうで、入院することに。

「私は子どもの命が大事だから、中学受験はやめる」とキッパリおっしゃったお母様を見て、「本当にその通りだ」と改めて思いました。

その子は一人っ子でしたが、我が家には4人も子どもたちがいます。他の3人は勉強が好きでも、誰か1人はどうしても中学受験が合わないかもしれません。もしも子どもが、体調を崩すようなことがあったら……。私は「そのときは潔く、中学受験はやめよう」と決意したのです。

何かをするときには、「ポジティブな情報」だけを見るのではなく、「ネガティブな情報」を取り入れることも大事です。

中学受験を例にすれば、「いい環境を与えられる」というポジティブな面がある一方で、どうしても受験が合わない子であれば体調を崩すかもしれません。何よりも大事なのは子どもの健康、突き詰めて言えば「命」だということを意識してほしいのです。

我が家でも、子どもたちにくもんをやらせる前に「早期教育は悪い」という本をたくさん買って読みました。子どもがうつになってしまったり、体を壊したりしては本末転倒だからです。

ネガティブな立場の本を読めば、これからしようと思っている行動について「何が問題なのか」を具体的に知ることができます。そして問題点が具体的にわかれば、回避することができるのです。

早期教育については、問題としてよく指摘されていたのが「お母さんの理想の押し付け」でした。お母さんが、目の前の子どもを見ないまま、勝手に抱いた理想に沿うように子どもを教育していく。すると、子どもが塾に行きたがらなくなったり、反抗したり、うつになったりしてしまうということでした。

それならば、私は理想を押し付けないようにしよう。そんなふうに、ネガティブな情報を集めながら、それを反面教師にして前に進んできたわけです。

082

何かをやらせてみなければ「子どもの性格の違い」はわからない

子どもの性格を見極めたいと思ったら、「何かをさせてみる」のが一番だと思います。

普通に育てているだけでも「ちょっとこの子はおっとりした子かな」といっただいたいの傾向はわかってきますが、性格の違いがよりハッキリと見えてくるのは、やはり習い事などを通してのことが多いのです。

我が家の場合は全員、1歳台からくもんをさせていました。

取り組ませていると、性格の違いが本当によく出るのです。「はみ出さないように書きましょう」という課題でも、長男は丁寧にこなしていましたが、次男は思い切りはみ出し放題。裏を返せば、勢いのあるタイプと言えるでしょうか。

三男はというと、じっくりじっくりやっていて、ちょっと遅すぎるくらいにおっとりした子。長女はとにかく器用なタイプで、ひらがなまであっという間に進んでいったのには驚きました。でも、長女は書くことはマスターしたのに、読むことはまったくできなかったのです。それで、この子は一つのことを一生懸命にするタイプなのかなと気づきました。

性格の違いは、いろいろなところに出てきます。バイオリンのお稽古でも、長男は楽譜通りに正確に弾くタイプでしたが、次男はなんと、大道芸人のように踊りながら弾くのです。でも、音楽的にはとても面白い演奏で、聴いた曲をすぐに再現することができました。

「この子は耳がいいのかも。英語の勉強は楽かな」などと考えていたのですが、その予想通り、次男は英単語を耳で覚えるのが得意でした。とはいえ、同時にわかったのは「形を覚えるのが苦手」ということ。「年」という漢字を覚えるのに、とても時間がかかったのです。英語にしても、スペルがなかなか覚えられませんでした。「曜日の単語」を覚えさせるのに、2週間もかかった記憶があります。

このような性格の違いは、ただなんとなく遊ばせているだけでは見えてこないものだと思います。

長女より

私たちきょうだいは進路こそたまたま同じになりましたが、タイプは全然違います。その違いに母は柔軟に対応してくれました。

くもんでもバイオリンでも、何かに取り組ませることによって、よりハッキリと見えてくる違いがあるのです。

083

「伝統」を鵜呑みにしない

「伝統を大事にする」ことは大切ですが、それを「無批判に肯定する」こととはまったく違います。

伝統の中には「悪しき伝統」も含まれています。昔はそれでよかったとしても、今の時代には合わなくなった伝統もある。

具体的には、家父長制などがあるでしょうか。「とにもかくにも、お父さんは偉い」というシステムは、今の時代に合っていないと思います。

我が家では、「お父さんの言うことだから正しい」だとか、「命令を聞くべき」などというルールは一切採用しませんでした。「お父さん」という立場を理由に尊敬させる、命令を聞かせるというのはおかしいと思ったからです。

そういう家庭だったので、主人も「父親の威厳」をわざわざ演出するようなことはなく、家ではのんびりビールを飲んだり、読もうとした本を枕にして眠ったりしていました。その気の抜けようといったら、パジャマの上下もそろっていないほど。たまに上下そろっている日があれば「お父さん、ビンゴ！」と言われていました。

それでは、子どもたちがお父さんをまったく尊敬していないかというと、そんなことはありません。

主人は弁護士をしているのですが、子どもたちが政治経済の勉強をしていると、「やっぱりここは、親父に聞こうかな」と帰りを待っているのです。

家ではのんびりしている主人も、法律に関してはやっぱりプロ。「それは刑法の何条の……」と正確に答えるだけでなく、「昔はそうだったけど、最近の判例は……」などと実例も踏まえて教えてくれるので、子どもたちは真剣に聞いていました。「さすがに、法律で食べていってるだけあるな」と感心してしまいました。

「お父さんだから」ではなくて、「プロとしてのお父さん」を自然に尊敬していたと言えるでしょう。

日本に生まれたからには、日本の伝統の良いところも悪いところも理解して、大事にしてほしいと思いますが、そうは言っても、現代の状況に合うかどうかをまったく精査しないままで引き継ぐのは考えものです。

どれだけ古い伝統といっても、誰かが決めたルールであることに変わりはありません。本当に良いものなのかどうか、検討していくことこそが正しい態度なのではないでしょうか。

084

正しい平等主義が子どもを伸ばす

次男と三男の通っていた小学校では、運動会のリレーでは生徒全員が平等に出場するシステムになっていました。リレーの選手を選ぶときに「これまで出場したことがない子」を選ぶので、小学校6年間には、全員が必ず出場することになるのです。在学中は、「このシステムは平等でいいな」と感じていました。

「平等主義」といったとき、順位をつけない方法で平等にする学校もあると聞きます。でも、順位をつけないリレーにすると、走るのが得意な子の頑張りを否定することになるのではないでしょうか。せっかく頑張って走ったのに、一番がもらえなくてやる気が否定されてしまうというのは、その子にとってよくないことだと思います。

「順位をつけない」というのは、走るのが苦手な子に気を使ったルールであることが明らかなわけですから、走るのが苦手な子に対しては、失礼になると思うのです。

この小学校の平等主義は、劇でも発揮されました。その年の劇は恐竜が登場するストーリーで、主人公の恐竜役は子どもに大人気。役者はジャンケンで決めたそうなのですが、選ばれたのはおとなしい女の子だったのです。「がおー！」と登場するシーンでも、どうしても声が出にくかったようなのですが、そこでも先生は平等主義。「もっと声を出せ！」と叱るのではなく「まあ、『Aさん式』の恐竜で行くか」とおっしゃるのです。劇の完成度を優先するのではなく、「Aさん式」を考えてあげる。「その子なりの頑張り」を見ようとする姿勢が徹底されていることに、私は感動しました。

「だれだれ式」で考えると、子どもはとても楽になります。

リレーでも劇でも、得意な子もいれば苦手な子もいて当たり前です。それをとがめるのではなく、「それぞれの子どもが一生懸命に頑張ればいい」というのが本当の「平等主義」ではないでしょうか。

声の出にくいAさんも、とても楽しそうに「がおー！　がおー！」と演じていました。本当の教育のすがたを、あのとき教えられた気がします。

図17　子どもを伸ばす「正しい平等主義」

✕ 》順位・順番をつけない
→「得意な子の頑張り」を否定する

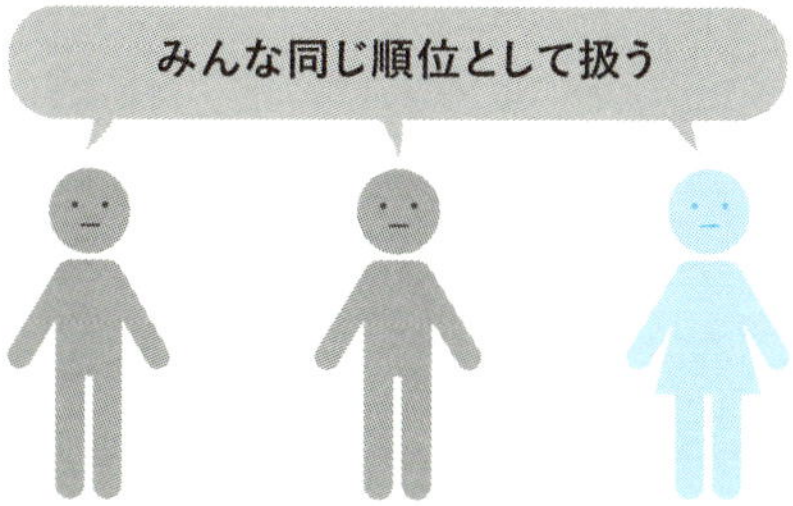
みんな同じ順位として扱う

〇 》それぞれにあったチャンスを与える
→「その子なりの頑張り」を見ようとする

みんなOK!
がお〜
がおー!
がおーっ

085

育児は「一匹オオカミ」周りの意見はスルーする

私は、基本的に育児は「一匹オオカミ」でやっていくものだと思っています。育児だけでなく、仕事でもそうなのかもしれませんが、何かをしようとすれば必ず反対派が現れるものです。反対するだけならまだしも、邪魔をしたり、心ないことを言ったりする人もいます。育児で言えば、義理のご両親や夫だけでなく、友達やママ友が反対してくる可能性もあります。それをいちいち気にして振り回されていたら、何もできなくなってしまうのです。

だからこそ、自分がしようと決断したことは、責任を持ってやり抜くことが大切です。それだけでなく、「最後の結果までちゃんと自分が責任を取る」というつもりで腹をくくらなければいけません。**そしていったん腹をくくったら、周りの言うことに**

長女より

これは母が母親として最も優れていた点の一つだと思います。母はいついかなるときもぶれませんでした。

は振り回されない。「スルーする力」が大事だと思います。

スルーする力をつけるには、やはりきちんとした「目標」がなければいけません。たとえば、くもんをやらせていて、「そんなことしたって実力はつかないよ」と言ってくるママ友がいたとします。そこでやる気を失って「じゃあやめようかな」となってしまうのは、はじめに目標と計画を立てていないから。やらせる前に「小学校に入る前にひらがな・数字・一桁の計算を覚えさせる」という目標が決まっていれば、人の意見に振り回されることはありません。具体的な目標が決まっていて、そのための方法としてくもんを選んだのだから、たとえママ友から何を言われても関係がないわけです。そのママ友が教育の責任を取ってくれるわけでもないですしね。

「人の意見を気にしない」と言っても、人付き合いを完全にシャットアウトしてしまうのもよくないでしょう。周りから浮いてしまっては、役に立つ情報も入ってこなくなるからです。

これは苦手なご近所さんでもそう。「嫌いだから挨拶しない」というのも大人気ない話でしょう。反対派がいても、周りから浮かない程度に、付かず離れずのお付き合いでやっていく。そういう人間関係の作り方も大事なことだと思います。

086

義理の両親とのお付き合いは「相手のスタンスを尊重する」のが大事

私がご相談を受ける中に、「育児の方針が家族と合わない」というお悩みがあります。

よくあるのは、子どものおじいちゃん・おばあちゃんが育児の方針に反対するケース。「うちの息子はそこまでやらなくてもちゃんとできた」とか、「どうしてそこまでするのか」と言って、お母さんのすることにいろいろ口出ししてくるそうです。

お母さんは育児書を読んで、情報を集めて頑張ろうとしているのに、そういうことを言われてしまうと、気持ちがひゅーっと萎えてしまう。そういうお悩みを抱えた方が、たくさんいるようです。

我が家はというと、幸いなことに、義理の両親にも教育方針は理解していただけていました。

勉強に関して言えば、はじめこそ私が熱心なのを見て、義理の両親から「そこまでしなくても……」と言われたことはあります。でも、我が家の場合は主人がきちんと「ママもちゃんと考えてるから、そういうことは言わないで」と言ってくれました。夫婦の間で、あらかじめ方針を話し合っておいたおかげだと思います。

義理のご両親との関係を握るのは、やはりパパだと思います。ママと両親の間に立って、両者の関係を作っていくのがパパ。パパがどのように立ち回るかによって、状況が変わってくるわけです。仮に両親の味方ばかりすると、ママに不満が募ります。かといってママの味方ばかりすると、両親からのママの印象が悪くなる。そのくらい、パパの役目は重要なわけです。

勉強以外でも、こんなエピソードもあります。我が家では、あまり市販のおやつを子どもに与えなかったのですが、あるとき義理の両親がお菓子を買ってきてくださったことがありました。

「うちではこういうお菓子は買わないんだよ」と言ってくれたのは、そのときも主人でした。両親が我が家の方針を大事に思ってくれる方だったというのもあり、その後は、お菓子を買ってくることはなくなりました。むしろ、気楽な調子だったのは私の実家の方で、「こんなのもたまには食べなくちゃね！」と駄菓子を買ってくるのです。でも、たまにはこういうイベントがあってもいいかと思い、口うるさくは言いませんでした。

さて、そんな形でそれぞれの実家とお付き合いしてきた我が家ですが、これから先は、私たちが「実家」になる番がやってきます。「孫ができたら、孫にも勉強を教えるの？」と聞かれることもありますが、それはしないでおこうと考えています。孫は「私の子ども」ではありませんし、たとえ自分と方針が違っても、それはそれで、家庭の考え方があるわけです。それを私が、ああしろこうしろと乗り出していくのは、やっぱりよくないことでしょう。

手助けをするのは、自分の子どもたちから求められたときだけにするつもりです。相手の考えを尊重して、スタンスの違いを理解した上で適切な距離を置く。それが、「実家」とのよい付き合い方だと言えるのではないでしょうか。

小学校のポイント

087-094

087

防げる失敗は徹底的に防ぐ。子どもの頃の成功体験が人生を支える

「小さい頃に失敗しておいたほうが、大人になってから失敗しても、立ち直りが早い」という意見があります。個人的には、この意見には反対です。私はむしろ、**「子どもの頃にこそ、失敗はさせないほうがよい」**と思っています。

そもそも、ここで言う「失敗」とはなんでしょうか。忘れ物をすることでしょうか、テストで悪い点数を取ることでしょうか。それとも、受験に不合格になることでしょうか。そしてこれらの「失敗」は、果たして大人のする「失敗」と同列に語っていいものなのでしょうか。

私は、子どもの頃の「失敗」と大人の「失敗」は次元が違うと思います。

大人のする「失敗」というのは、たとえばプロジェクトがうまくいかないとか、会

図18　防げる失敗は徹底的に防ぐ

✕ 子どもに（意図的に）失敗させる

いってきます
（忘れ物をしているけど）
子どものために言わないでおこう
ノート

➡ 先生に怒られ嫌な気分になるだけ
→成功体験がつめない

〇 子どもに（できるだけ）失敗させない

あ、お母さんありがとう
ノート忘れてるよ！
ノート

➡ 忘れ物をしないことで、成功体験がつめる

社の人間関係で問題を起こしてしまうとかいったことでしょう。こういう失敗は、大人がきちんと考えて行動した上で、それでもしてしまう失敗、防ぐことの難しい失敗です。

一方で子どものする「失敗」はというと、きちんと準備をしておけば防げる失敗が多いのです。忘れ物にしても、お母さんがチェックしてあげればいいこと。忘れ物をして先生から怒られて、それが人生のためになるか……私はそうは思いません。むしろ「毎日、忘れ物ゼロでえらいね！」とほめられることがあれば、そういった体験こそが、大人になっても心を支えてくれると思うのです。

子どもの頃の成功体験は、人生を通して、子どもの心を支え続けてくれます。遅刻をしない、忘れ物をしない、悪い点数を取らないようにすることは、そこまで難しいことではありません。でも、そういった小さな成功体験があると、大人になってから落ち込むことがあっても、それを拠り所にして立ち直ることができるのです。

「させたほうがよい失敗」なんてあるはずがない。防げる失敗は徹底的に防いであげることが、先に生まれた人間として、親のするべきことだと思います。

088

子どもの通知表は「見ない」。「曖昧な評定」でレッテルを貼らない

意外に思われるかもしれませんが、我が家では、通知表をじっくり見ないようにしていました。

通知表には、子どもの評価が示されています。それを続けて見ていると、どうしても「この子は数学が苦手なのかな」「これから苦労するかもしれない」などと思い始めてしまいます。でも、その結論は果たして正しいものなのでしょうか。

模試の判定ならともかく、学校の通知表は先生の主観も交えて書かれるものです。たとえ同じ点数・態度でも、先生によって厳しくつける人もいれば、甘くつける人もいるはずです。だとすれば、たとえ数学の評定だけがずっと低かったからといって、その子が本当に数学が苦手なのかどうかはわからないのではないでしょうか。

私は、評定よりもむしろ問題なのは、親のほうが「この子は数学が苦手な子だ」と先入観を抱き、勝手なレッテルを貼ってしまうことだと思います。

親や先生が、勝手に抱いた固定観念から「数学が苦手じゃない?」などと言ってしまうと、子どもは本当に「自分は数学が苦手なんだ」と思い込んでしまいます。

そのため我が家では、通知表はほとんど見ませんでした。机の上に置きっぱなしにしたままで新学期を迎え、はんこを押して持って行かせるのを忘れていたくらいです。模試の判定や順位にしても、子どもは気にしていたようですが、私は少ししか見ないようにしていました。

その一方で細かくチェックしていたのは、「何を間違えたか」という点。「全体の評価」という曖昧なポイントではなく、「どの問題が解けなかったのか、どうすれば解けるのか」を気にするようにしていたわけです。

親が勝手なレッテルを貼ると、子どもは本当にそう思うようになってしまいます。そうではなく、現状で何ができていて、何ができていないのかだけを検討するように心がけることが重要になるのです。

089

思った以上に子どもは親に似る。注意する前に、まず自分が改善

幼稚園のお迎えに行くと、パッと見て「この子のママはあの人だな」とわかることがあります。顔のつくりや体形が似ているということではなく、雰囲気が親子でそっくりなのです。そんなことを何回か経験するうちに、「子どもは想像以上に親に似るんだな」とつくづく思わされました。

親に似るのは、雰囲気だけではありません。「親の行動」というのも、予想以上に子どもに伝わってしまうものです。

実は私は、かなりの面倒くさがり屋です。ちょっと調べることが出てきても、本が少しでも遠くにあれば「まあ、いっか」と諦めてしまうほどの性格でした。そうすると次男が、まったく同じような行動をするのです。遺伝なのかどうなのかはわかりま

せんが、面倒くさがりのポイントが私とまったく同じ。ちょっと調べればわかることでも、「めんどくさい」と調べないのです。

これは本当によくないことだなと思ったので、まずは私から行動を変えることにしました。「思いついたら、すぐ行動する」ことに決めて、その方針を徹底できるように努力したわけです。

子どもが望ましくない行動をしていたときに、そもそも自分も同じ行動をしているようでは、注意することもできません。次男の件でも、自分はすぐに面倒くさがって後回しにするくせに、子どもにだけは「すぐに立って調べるようにしなさい」と言ったところで、説得力はないでしょう。それならば、まずは自分が行動を変える努力をしなければなりません。

同じことは、どんな小さなことにも言えると思います。「油もののお皿の上に、他のお皿を重ねてしまう」「濡れたタオルを床に置いてしまう」など、親のちょっとした行動が、驚くほど子どもに伝わってしまうケースはいくらでもあります。悪い癖を子どもに伝えてしまわないよう、親は言動に気をつける努力をしたいものです。

090

習い事は「バランス」を意識。「芸術」「運動」「勉強」にわけて考える

子どもの習い事を選ぶときには、「バランス」を考慮するといいと思います。

習い事はだいたい、「芸術系」「運動系」「勉強系」の3つにわけることができます。まずは「芸術系」ですが、子どもたちが大人になれば、きっとストレスが溜まる出来事や、疲れてしまう時期がくるでしょう。そんなとき「芸術系」の教養があれば、疲れた心を癒やし、ほっとさせてくれるはずです。大人になってからの生活を豊かにするためにも、「芸術系」は欠かせません。我が家では、私が「スズキ・メソード」という教育法を「いいな」と感じたこともあり、バイオリンを選択しました。

それから「運動系」ですが、これもまた、体を作っていくために大切なことだと思います。たとえ選手になれるほどのレベルでなくとも、体を動かす技術・経験があれ

長女より

水泳もピアノもバイオリンも習っていてよかったなと思います。私は今も大学で水泳をやっています。

ば、一生涯役に立つはずです。子どもたちには、習い事を通して何か明確な技術を身につけてほしいという気持ちがありました。それで我が家では、到達目標がわかりやすい水泳を選びました。ちなみに水泳の最終目標は、「個人メドレーを、ターンも含めて泳げるようになる」というものです。

それから最後に「勉強」です。これは他の二つにも言えることですが、小さい頃の習い事を有効に選ぶには、「大人になってから役に立つかどうか」という視点を持つことが大事になると思うのです。

習い事を「ただの思い出」にしてしまうのではなく、大人になってからの生活で、きちんと使えるかどうか。そう考えると、やはり基礎教養をつけさせるために「勉強系」は欠かせないだろうと思うのです。

「芸術系」「運動系」、そして「勉強系」という3つのタイプは、どれも等しく大切なもの。子どもの習い事を決めるときには、「大人になってからの生活で役に立つかどうか」を意識した上で、3つのうちのどれかに偏ってしまわないように、バランスよく選択していけばいいと思います。

図19　佐藤流・習い事の考え方

習い事は「芸術系」「運動系」「勉強系」の3つに分けられる

芸術系

大人になってからの生活を豊かにするもの
→佐藤家は「バイオリン」

運動系

体を動かす技術・経験を得るために大切なもの
→佐藤家は「水泳」

勉強系

大人になってからの基礎教養として必要なもの
→佐藤家は「くもん」

➡ **3つが偏らないようにバランス良く**

091

「習い事4つ」ではなく「週7回の習い事」。子どもの負担は正確に把握する

習い事について大事なのは、「子どもの負担を正確に見る」ということです。

たとえば、ある子の習い事が「ピアノ・プール・くもん・体操教室」だったとしましょう。だいたいの親御さんは、「習い事は4つ」だとおっしゃいます。でも、この数え方には欠けている視点があります。それは、「ピアノは毎日練習するもの」だという視点です。

プールや体操は、専用の練習場がない限り、家で練習することはできません。ですから、「週に1回」という数え方で問題ありません。けれどもピアノなど楽器に関しては、毎日しなければいけません。つまり本来は「週1回」ではなく、「週7回」とカウントするべきなのです。

図20 習い事の考え方

習い事は「数」ではなく
「回数(カウント)」で考える

例 くもんとバイオリン

くもん………毎日自宅で行うものなので
カウントは「7」(1日「1」×7)

バイオリン…レッスンは週に1回だが
毎日自宅で練習するので
カウントは「7」(1日「1」×7)

➡ 子どもが耐えられる負担としては
1日に「2」が限界

長女より　生まれ変わったら、習字とそろばんやりたいな……。

これはくもん（勉強系の習い事）も同じです。勉強は毎日しなければ習慣がつきませんから、「週7回」とカウント。すると、楽器を一つ、勉強系を一つ習わせるだけで、子どもとしては「一日あたり二つ」の習い事をしている計算になります。

子どもが耐えられる負担としては、これくらいが限界。これ以上増やしてしまうと、疲れて眠たくなってしまったり、学校で元気がなくなったりしてしまいます。増やせる余地があるとすれば、学校のない土日に運動系の習い事を入れるくらいでしょう。

今になって考えてみると、「習字とそろばんはやらせてみたかったな」という思いはあります。けれども同時に思うのは、「いや、あのスケジュールに習字とそろばんを入れ込む余地はなかったな」ということです。

習字もそろばんも、家での練習が欠かせない習い事。我が家の場合、くもんとバイオリンで、すでに一日のカウントが「2」でした。習字とそろばんを入れてしまったら、カウントは「4」になり、子どもの限界を超えてしまいます。子どもにかかる負担は、やはり正確に見なければいけないのです。

092

芸術やスポーツはシビアな世界。無責任に「応援する」と言わない

子どもがもし「スポーツや芸術のプロになりたい」と言い始めたら、「食べていけるのかどうか」を真剣に考えてあげる必要があると思います。

会社員であれば、食べていける可能性は高いと思います。でも、スポーツや芸術の世界はシビアです。プロとして通用するかどうか、食べていけるかどうかがハッキリしてしまう。「週に何度か練習している」程度のやり方でモノにできるほど、現実は甘くないのです。

18歳までの時間はとにかく貴重です。誰もが平等に与えられた18年間という時間を使って、将来一人で食べていけるようになっていかなければならない。「自活」というゴールを考えれば、趣味レベルの活動に時間を取られすぎるのは問題です。

長女より

私たちには幸いにも特にそういった才能はなかったので、勉強をして正解でした。

たとえプロでなくとも、スポーツも芸術も楽しめます。大学に入学したあとも、趣味としてなら一生楽しく付き合っていくことができる。具体的なプランもないまま、望みのない活動に時間を浪費してしまっては、食べていくことすら怪しくなってしまいます。それならば、勉強にエネルギーをかけておくほうが確実だと思います。

ですから親は、きちんと子どもと話し合い、本当にプロとしてやっていけるのか、それとも趣味にとどめておくべき程度なのかを早めに見極める必要があるのです。

たとえばテニスプレイヤーになりたいのであれば、そういった選手がどのような時間の使い方をして、どれくらいのお金を稼いでいるのか。どういうキャリアで生きているのかといったことを、まず調べなければなりません。

そうして、ある程度情報が集まって、具体的な話ができる段階になったところで、きちんと子どもと話し合う。何ら具体的なプランもないまま、口先だけで「応援するよ」などと言うのは、親として無責任だと思います。

093

スポーツは「楽しみ重視」。勝ち負けにこだわると楽しみを損なう

プロを目指すわけではないのなら、スポーツは「楽しみ重視」でよいと思います。

私の両親はスポーツが得意で、母は陸上部。父は体が大きくて、野球部でした。私には弟もいるのですが、こちらもとにかく足が速い。では私はというと、なぜか私だけものすごく足が遅かったのです。

そういう家でしたから、とにかく運動会は苦痛でした。応援に来ている近所の人から、「亮子ちゃん、あなただけ何でそんなに遅いの？」とからかわれたり、父から「スローモーションみたいだな」と言われたり。応援してくれるはずの親から笑われるわけですから、それはそれは嫌な気持ちになったのを覚えています。

そして、私が大学生になったある日のこと。つらかった思い出を大学の先生に話し

長女より

私たちは大学で全員なんらかの運動部に入っています。何かに熱中するのは受験生時代から変わっていないのかもしれません。

てみると、「そういうトラウマは、結構あとまで残るものなんですよ」とおっしゃるのです。

私としては、「親なんてそんなものだろう」と思い込んできたわけで、それがトラウマだという自覚はありませんでした。先生はさらに、「遅いとおっしゃるのなら、どうして一緒に練習してくれなかったんでしょうね」とおっしゃいました。私は、目からうろこが落ちる思いでした。

スポーツの才能のない当時の私が、何の準備もしないで運動会で活躍できるはずがありません。先生のおっしゃる通り一緒に練習してくれればよかったのです。

スポーツの目的は、勝つことではなく、楽しむことです。私は子どものスポーツのコーチにはなれませんから、試合結果を聞くことすらしませんでした。

ときどき、サッカー部のお母さん方から「すごい勝ち方をしたのよ」と聞くようなことがあれば、「すごかったらしいね」と話題に上げることはありました。しかし、私もそれ以上深くは聞きませんでした。

楽しく取り組めることが、何よりも大事なことなのです。

094

習い事のやめどきは「到達目標」で決める

我が家の子どもたちは、中学受験を見越して、全員が浜学園に通っていました。浜学園の授業が本格的に増えてくるのは、小学校4年生。この時期になると、ほかの習い事と浜学園の両立がだんだん難しくなってきます。そこで我が家では習い事に「到達目標」を決めて、目標が達成されたら終わる、ということにしていました。

『4年生になったらやめる』というように、『時期』で切ってもいいのでは」と思われるかもしれません。でも、「どうせ、4年生になったら終わりだし……」と思ってしまうと、子どもが真面目に取り組まなくなると思ったのです。

習い事の練習にしても、「まあ、この程度でいいか」と手を抜いてしまうのではないかと思い、「到達目標」で切ることに決めました。

我が家の場合、たとえば水泳は「個人メドレーが終わったらやめる」ということにしていました。「4年生からは塾に行くから、4年生までに終わるようにできるだけ頑張ろうね」と声をかけてはいたのですが、仮に4年生の途中までかかっても、それはそれで構わないつもりでした。5年生になってしまうとさすがに受験直前の雰囲気になってくるので、それまでには終わってほしいなと思っていたのですが、なんとか全員が4年生の間に目標を達成することができました。

くもんについては、幼稚園の頃は「今より3年先まで先取り」、小学校に入ってからは「最終教材（大学院まで）」という目標を立てていました。

子どもたちも「最終教材まで行くぞ！」と張り切っていたのですが、くもんの教材はどうしても、一番の基礎をしっかり練習するように作ってあるのです。計算の基礎は練習できるのですが、複雑な問題は教材になく、「簡単すぎて面白くない」と言い始めたので、「じゃあここでやめようね」と終わりました。でも灘へ入った後になって、ものすごく数学のできる子がずっとくもんを続けていたと聞いたときには「続けておけばよかったかな」とお母さん同士で笑いあったりもしましたが。

図21　習い事のやめどきのポイント

習い事のやめどきは
到達目標で決める

例　そろばん

× 仲のよい友達がやめるからやめる
→友達は友達、自分は自分で考える

× 先生があわないからやめる
→先生をかえてもらうか、教室をかえる。
そろばんをやめる必要はない

× うまくなったらやめる
→抽象的なのでわかりにくい

○ （目標の）初段になったからやめる

➡ **到達目標を決めることで**
自分のペースで上達できる

中学・高校のポイント

095-100

095

「反抗期」はない！これまでの「理不尽の種」が芽吹くだけ

私は、「反抗期」というものはない、と思っています。

一般に言う「反抗期」とはどのようなことでしょうか。具体的な例としては、おそらく「子どもから親への暴言」などが挙げられると思います。

親の言葉に対して、子どもが「うるせえ！」などと返すことで、「いきなりどうしたんだろう！」と驚いてしまい、それを「反抗期」だと呼ぶわけです。

でもよくよく考えてみると、それは本当に「いきなり」の出来事だったのでしょうか。私はそこに大きな勘違いがあるように思います。

子どもは本当に小さなときから、たとえうまく表現できなくても「親は『絶対』じゃ

長女より 子どもとしても、反抗するより仲良くしたほうが毎日ハッピーです。

ないんだな」と学んでいきます。「お兄ちゃんだから」「お姉ちゃんだから」と理不尽な我慢を強いられたり、感情的な言葉を投げかけられたり、さまざまな場面で抱いた「なんとなく不愉快な気持ち」を出せないまま、少しずつ溜め込んでいくわけです。

それでも子どもが小さな間は、親に抗議することもできません。ただじっと耐えるしかないわけですが、ある程度の年齢になれば親に抗議ができる。そうはいっても、大人と同じように論理立てて抗議することまではできないので、「うるせえな！」という言動になってしまう。これを親の側から見ると、「中学生になった途端、暴言を吐くようになった」という現象になるのではないでしょうか。

私はこれこそ、「反抗期」と呼ばれるものの正体ではないかと思うのです。

「言葉にできないけれど、不愉快な気持ち」のことを、私は「理不尽の種」と呼んでいます。親はともすれば、子どもが小さい間からずっと、この「理不尽の種」をあちこちに蒔いてしまうのです。

一般に言う「反抗期」というのは、まさにこの「理不尽の種」が大きく成長した状態。「成長のためには仕方のないステップ」などと言って済ますのではなく、初めから「なるべく種を蒔かない」ような子育てを心がけるべきだと思うのです。

096

「おこづかい制」にはしない。学生時代の「遊び」も大切にする

我が家では、「おこづかい制」は採用しませんでした。子どもにあらかじめ数千円程度のお金を渡しておいて、それがなくなれば補充する。そのくらいのゆるい管理でした。

あらかじめお金を渡しておくのは、急な出来事に備えるためです。たとえば定期券を落としたときに、とりあえず電車賃を払っても、安全に家まで帰ってこられるようにしておきたい。どうしてもおなかが空いてしまったときに、何かを買って食べられるようにもしたい。それでお金を渡しておいたわけです。

用途はとくに制限せず、カラオケやボウリングなどのレジャーに使ってもＯＫ。「なくなった」と言われたら、その分を補充しました。

子どもがお金を使う先を考えてみると、「必要なものを買うため」「友達と遊ぶため」の二つにわけられるのではないでしょうか。

「必要なものを買う」ことに関して言えば、要るものは要るのだから仕方がないという考えです。

極端な例で言えば、鉛筆やノートなしではそもそも勉強することができないわけです。だからそれは、おこづかいから出させないで、親が買い与えればいいのではないかと思います。

一方、友達と遊ぶ目的に関して言えば、短い学生生活の中で「友達と楽しむ」ことも大事ではないかと思います。

子どものレジャーは、大人のレジャーと比べれば少額におさまるものが多いですし、カラオケやボウリングにしても、毎日行くものではありません。たくさん行く月もあれば、まったく行かない月もある。時期が決まっていないので、1ヶ月ごとに決まった額のおこづかいを渡しても足りないときがあるのではないかと考えたのです。

貴重なレジャーの機会に、「もうお金がないから参加できない……」というのではかわいそう。そう思って、とくに制限をかけることはありませんでした。

「おこづかい制にすることで、お金のやりくりがうまくなったり、お金の大切さがわかる」という意見もあるとは思います。

でも、大人になってしまえば、いやでもお金の管理はしなければならないわけです。だからわざわざ、子どもの頃からおこづかい制にしなくてもよいのではないか、と思います。

図22　佐藤家がおこづかい制にしない理由

佐藤家の子どもたちへのお金の渡し方は、
あらかじめお金を渡して、足りなくなれば
補充する形式。

なぜ「おこづかい制」にしなかったのか？

1 必要なものをガマンしてほしくないため

ノート
このノートがほしいけどおこづかいが足りない……

2 友達と遊ぶのをガマンしてほしくないため

カラオケ
行きたいけどおこづかいが足りない……

097

「子どもらしい秘密」も大切。隠した漫画はとがめない

漫画は置かないようにしていた我が家ですが、そうはいっても、子どもたちはこっそり買い集めていました。二階の奥のほうにある部屋に2冊くらいずつ、白いビニールに巻いてあちこちの隙間にはめ込んであるのです。子どもは隠すのが下手ですから、ビニールの端っこがはみ出していて丸わかり。そのままでは掃除がしにくいですから、段ボールに入れて整頓したことがありました。

子どもたちが隠していた漫画は、いざ箱に入れて整理してみると結構な量になりました。子どもは「うわー!」と叫んで驚いていましたが、私はそれを改めて厳しくとがめることはしませんでした。

大事なのは「大っぴらに認めない」こと。

漫画もゲームも、親がまったく何も言わないと際限がなくなってしまいます。いわば「無法地帯」になるわけで、そうなってしまえば、後から禁止することはもはや難しいでしょう。

そうではなく、「基本的には禁止」というスタンスを取っておくことで、抑止力になると思うのです。

漫画の件にしても、子どもは私の基本的な方針を理解した上で、「日常の空間」である一階では読まず、「非日常の空間」つまり二階の部屋でこっそり読んでいました。読み終わったら何食わぬ顔で一階に降りてくる。つまり、けじめをつけているわけです。

このスタイルで付き合うのなら、度を越すこともないでしょう。でももしこれが、一階でもたくさん漫画が読める環境にしていたら……けじめのある付き合い方は、難しいように思います。

ちなみに、私が漫画について叱らなかったことにはもう一つの理由があります。

それは、「子どもらしい楽しみ」も大切だということです。これはおやつにしてもそう。「いくらでも食べていい」と言われるより、こっそり一つだけつまむおやつの

長女
より

私は兄たちの「秘密」をたくさん見てきました（笑）。きょうだい同士はみんな見ても何もとがめず共犯でしたね。

ほうが美味しく感じるものではないでしょうか。

漫画については、掃除が大変だという理由で整理してしまったわけですが、「子ども時代の小さな秘密」は大切にしてあげたいものです。

098

勉強は孤独な戦い。「受験に恋愛はいらない」の真意

私が「受験に恋愛なんて必要ない」と言ったことで、賛否を含め、さまざまなご意見をいただきました。なかには、私の言いたかったこととは少し違ったニュアンスで伝わってしまったケースもあるようです。ですから改めて、私がどういうことを意図して「いらない」と言ったのか、お伝えしようと思います。

私が本当に言いたかったのは、恋愛自体がうんぬんということではなく、**「時間は貴重だよ」**の一点に尽きます。

彼女・彼氏と、学校にいる間だけ楽しく話すのであれば、それはまったく構わないでしょう。でも、帰ってきてからもだらだらSNSでやりとりをし、土日はどこかへ遊びにいくのが日常になってしまうと、受験前の貴重な時間はどんどん失われていき

ます。

これは彼女・彼氏に限った話ではなく、友達付き合いや部活動でも同じだと思っています。

ゲーム機やマンガといった娯楽は、捨ててしまえば終わりです。でも、人間関係はそんなに簡単に切り捨てることができません。どうしても相手に引きずられますし、相手が「受験しない」「受験なんてどうでもいい」スタンスだと、さらにやる気を削がれてしまいます。

「勉強に打ち込む」ということは、「孤独に耐える」ということです。目の前の課題に向き合って、どうすればいいかを考える。その過程は、どうしても孤独になってしまうのです。

彼女・彼氏でも友達でも、同じようなスタイルで過ごしている人なら、付き合っても問題ないでしょう。でも、実際そのような相手にめぐり合うことはまれです。相手に合わせてズルズルとさぼっているうちに、自分の将来の可能性を閉ざしてしまう。これは極端な言い方をすれば、自分の人生を放棄するような行為ではないでしょうか。

人間関係は大事です。でも、それに時間を取られすぎるのは問題だと思います。子どもに限らず、大人すらも「だらだらＳＮＳ」に悩まされている人がいるくらいです。

ですから私は、「恋愛はいらない」、つまり「他人に引きずられてはいけない」と言ったわけです。

099

生まれは「パラシュートをつけた神様」が決める。環境に感謝して生きる

子どもたちが高校2年生くらいの頃でしょうか。受験本番も近くなり、いろいろ悩みも深くなってくる頃です。だからこそ、私は子どもたちにこんな話をしました。

「あなたたちね、今はすごくしんどいかもしれない。でもね、この間新聞を読んでたら、こんな話が載っていたのよ。その国は内戦をしているんだけど、7歳か8歳くらいの子どもの目の前で、お母さんを生き埋めにして、頭だけ土から出しておいて、周りから兵士がそれをガーッと撃つんだって。そんなのを見せられたら、ものすごいトラウマになるでしょう。だからその子は、人を殺すのが平気になって、兵隊になっちゃったんだって」

「でもね、その子は何も悪いことしてないでしょう。たまたまそういう場所に生まれ

て、そのせいでそんなつらい目に遭うわけでしょ。あなたたちは、今は屋根のある家に住んで、塾や学校に通うためのお金も出してあげられるけど、どれだけ優秀な人だったとしても、内戦のある国に生まれてしまったら大学なんか行けないじゃない」

「これはママのイメージだけど、神様は赤ちゃんの背中に小さなパラシュートをつけて、かごに赤ちゃんをいっぱい入れて、ぐるぐる世界を回りながら、ぽいぽいぽいぽい、って赤ちゃんをばらまいていくのよね。赤ちゃんがふわふわっと舞い降りたところが、生まれた場所になる。そこがたまたま幸せな場所かもしれない。たまたま戦争をしている場所かもしれない。でもそれは、生まれてきた赤ちゃんのせいじゃない」

「あなたたちは偶然、この場所に生まれて、勉強とかいろいろなことを頑張れる環境があるわけだから、すごくしんどいとは思うけど、やっぱり頑張らなきゃいけない。大人になったら頑張りたくても頑張れない環境の子のために、安心して生きていける世界をつくっていけるように努力してほしい」

これは、私が心から思っていることです。

大学受験までの18年間は、さまざまな義務が免除され、学ぶ環境を与えられながら育っていく期間です。だから一つの目標として、大学受験に全力で向かっていくしか

長女より

これは母からよく言われました。自分の恵まれた環境には本当に感謝しています。

ありません。

けれども大学合格は、決して「人生のゴール」ではないのです。そこを勘違いすると、「学歴さえあれば何をしたっていい」などという考えを持つようになってしまいます。学ぶ目的というのは、そんなものではないのです。

内戦のある国でなくとも、同じ日本に生まれた子にも、環境のせいでつらい思いをする子はたくさんいます。「神様が赤ちゃんにパラシュートをつけてばらまいた」だけのことなのですから、悪い環境に生まれても、その子のせいでもなんでもない。

だからこそ、環境が整っているのなら努力しなければいけないし、周りの人を助けられるように生きていかなければいけない。子どもたちには、それを伝えたのでした。

100
「いつも前向き」は無理。「息だけしていればいい」精神で生きる

我が家の子どもたちが過ごした18年間は、かなり努力した18年間だったと思います。おかげで志望校には合格でき、受験の面では心残りなく過ごしてきたかもしれません。

でも、人生は長いですから、「未練のない人生」なんてありえないと思います。よく言われることではありますが、人生に「答え」はありません。常に「答え」が存在してきた受験勉強とは、まったくわけが違うのです。

人生は迷うことだらけです。「いつも前向きに生きていこう」と思っても、どっちが前なのかわからない時期が必ずあります。あっちがいいのか、こっちがいいのか、右を向いたり左を向いたり、ぐるぐる回り続けたりするときが必ず来るのです。もしそんなときがきたら……そのときは、「息だけしていればいいんだよ」と子どもたち

には伝えています。ぐるぐる回ってばかりに思えるかもしれないけれど、とにかくその場所で、息さえしていたらいい。そんな時期が2～3年あっても、まったく構わないんだよ、進歩しなくてもいいんだよ、生きてさえいれば、と伝えたのです。

私自身の人生にも、未練がないわけではありません。「あのとき、ああしていたら……」という思いはあります。でも、未練は力にもなります。「あのときはできなかったから、今こそ頑張ろう！」とふんばれるのも、未練の持つ力なのです。

まったく成果が得られない時期があってもいい。停滞する時期があってもいい。「息さえしていてくれればいい」という時期を乗り切るのも人生を生きる大切な力です。

おわりに

4人も子どもがいたので、子どもが小さい間の買い物はたいへんでした。まるで子持ち昆布みたいに、4人の子どもと買い物袋をくっつけてウロウロするわけですから、デパートでも目立ちます。そうすると、全然知らない方から声をかけていただくことがたびたびありました。

たとえば、エレベーターを待っているときに、「頑張ってね！」と手を振ってくださった方。「みんなあなたが産んだの!?」と驚きながら、励ましてくださった方。70代くらいのご婦人から、「大変かもしれないけれど、あとから振り返ってみれば、きっと楽しい思い出になるのよ」と言っていただいたこともありました。

1時間いる間に、だいたい4～5人から声をかけていただいたでしょうか。知り合いのママが、「今日、朝から掃除したから、うちで休憩していかない？」と言ってくださったこともありました。

忙しい毎日ではありましたが、こういう出来事が一度でもあると「明日からも元気に生きていこう」という気持ちが湧いたのを思い出します。あのとき声をかけてくださった方に、成長した子どもたちをお見せして「おかげさまで」と言いたいとずっと思ってきました。

けれども相手はどこのどなたかもわかりません。直接、その方々に恩返しをすることはできない。では、自分に何ができるか……。そう考えた私は、「自分の経験を話すこと」によって、子育て中の方々を励ますことができたらと決心しました。

そのような理由で、今は各地で講演会をさせていただいたり、取材を受けたりしています。

私は、これからの人生は、子育ての際に応援してくださった方々へ間接的に恩返しさせていただくことに使いたいと思っています。今子育てで頑張っているお母様方、悩んでいるお母様方へ心からの応援をしていきたいですね。

子どもは未来を生きています。子育てをきちんとすることは、これからの社会の未来を素晴らしいものにするということにつながると信じています。

この本がお母様方への大きなエールになりますように。

佐藤亮子（さとう・りょうこ）

主婦。奈良県在住。

大分県生まれ。津田塾大学卒業後、大分県内の私立高校で英語教師として２年間教壇に立つ。その後結婚し、長男、次男、三男、長女の３男１女を出産。長男・次男・三男の３兄弟が名門私立の灘中・高等学校に進学、長女は名門私立の洛南中・高等学校に進学。その後、４人とも日本最難関として有名な東京大学理科III類(通称「東大理III」)に合格。「東大理III４兄妹」という快挙を達成する。

２０１７年春より、４兄妹全員が通った進学塾である「浜学園」のアドバイザーに就任。全国各地で講演活動中。また、『ノンストップ！』『バイキング』(以上、フジテレビ系)、『人生が変わる１分間の深イイ話』(日本テレビ系）など、テレビ出演多数。

著書に、『「灘→東大理III」の３兄弟を育てた母が明かす志望校に合格するために知っておきたい１３０のこと』(ポプラ社)、『「灘→東大理Ⅲ」の３兄弟を育てた母の秀才の育て方』(ＫＡＤＯＫＡＷＡ）などがある。

編集協力	西村綾夏
本文デザイン	ISSHIKI(デジカル)
図版	大塚たかみつ
カバーデザイン	市川さつき（デジカル）
カバー写真	岡本尚樹

志望校は絶対に下げない！
受験で合格する方法100

2018年2月21日　第1刷発行

著者　佐藤　亮子
発行者　長谷川　均
編集　大塩　大
発行所　株式会社ポプラ社
〒160-8565　東京都新宿区大京町22-1
電話　03-3357-2212（営業）　03-3357-2305（編集）
振替　00140-3-149271
一般書出版局ホームページ　www.webasta.jp

印刷・製本　中央精版印刷株式会社

N.D.C.379/287 P /19cm　ISBN978-4-591-15693-3